韓国における教育福祉政策の展開と実践

個人の教育機会保障と社会関係資本醸成からのアプローチ

金美連

博英社

目次

第2章　各政権および地方教育行政における教育福祉政策の展開

終章

序章

　本書は、1990年代後半から韓国で急拡大した教育福祉政策に着目し、その制度的展開や学校現場における実践を立体的に捉えることで、より効果的な「教育」と「福祉」の連携への手がかりを得ることを目的とする。子どもの貧困の問題は、医療、福祉、教育など、多岐にわたる複合的な問題であり、昨今、日本でも「学校をプラットフォームとした総合的な子供の貧困対策の推進」等において、学校を子どもの総合支援の場と位置付け、スクール・ソーシャルワーカーをはじめとした福祉専門職の学校への配置等、「教育」と「福祉」の連携が実践的課題として議論されている。

　韓国においては、1997年のアジア通貨危機以降、急激に広がった経済格差を背景に教育機会の不平等を解消することを主な目的として、金泳三政権下の「教育福祉総合対策」を端緒として教育福祉政策が本格的に始まった。それ以来、教育福祉政策は社会的に不利な立場に置かれている人への手厚い支援を通じて、教育における平等を目指す政策（以下、「教育格差是正策」とする）として、2015年現在、教育予算全体の18.3%（12.3兆ウォン）を占めるまでに拡大した。しかしながら、公教育に福祉の視点や要素をどのように組み込んでいけるか、また個々の子どもをケアする文化をどのように学校で醸成するかは決して容易なことではなく、日本、韓国ともに未だ教育福祉へのグラウンドデザインを模索している段階といえる。特に韓国では、政策導入から20年近くを経た今も「教育福祉」に対する学問的に一致した定義が得られていない[1]。

　本書では、先ず、韓国における教育福祉政策の導入期から近年に至る

1　キム・ユンジン、コ・ドクハン、オム・ジョンヨン（2015）「教育福祉政策の傾向に関するネットワークテキスト分析」『教育問題研究』Vol.21、No.1、pp.132-170《韓国語文献》。

　　キム・ミンヒ（2018）「政権交代による教育福祉政策変動の分析」『教育政治学研究』Vol.25、No.3、pp.129-158《韓国語文献》。

までの社会的背景を踏まえつつ実施主体と実施内容から政策の変遷について概観し、そのうえで、近年の学校現場における取組み内容の変化について考察する。これにより、韓国における教育福祉政策をめぐり政策レベルでどのような動きがあり、その結果、学校現場で何が起きているのかを取組み内容を中心に整理し、最終的には韓国の教育福祉政策のこれまでの流れに関する事例分析を通じて、「教育」と「福祉」の連携による教育格差是正策のあり方に関する示唆を得る。

第2節

先行研究の検討

　議論を始める前に、本書が考える教育格差是正策と教育福祉政策の関係について簡単に述べることにしたい。まず、教育格差とは、個人間・集団間・学校間・階層間・地域間における学業などの教育の結果や教育環境、教育内容に対する格差、もしくは教育の量的・質的な差異を意味し、教育不平等に近い概念といえる[2]。このような観点からすると、教育格差是正策とは、不平等を改善し、教育における公平（equity）を目指す政策全般を意味する。一方、韓国における教育福祉政策については、先述の通り、現在も「教育福祉」に関する概念定義が曖昧なままであるが、韓国の教育社会学者の多くは「教育福祉」を「教育不平等を解消するための試み」として捉える傾向が強く[3]、また中央政府（教育部）も教育福祉政策を諸外国における教育公平を目指す政策と同様の意味を持つと捉えることが多い[4]。この点、韓国の教育福祉政策は、教育格差是正策の特徴を

2　キム・インヒ（2006）「教育福祉の概念に関する考察：教育疎外の解消に向けた教育福祉の理論的基礎の定立に関して」『教育行政学研究』24(3)、pp. 289-314《韓国語文献》。

3　キム・インヒ（2014）『教育福祉の概念に関する理論的再探索』韓国教育行政学会第165次秋期学術大会企画セッション、p.11《韓国語文献》。

4　イ・テス（2004）『教育福祉総合具現方案に関する研究』教育部《韓国語文献》。

有するといえる。

　以上の認識の下、本書では韓国における教育福祉政策の政策レベル及び学校現場レベルでの取組みの方向性を捉えることを目的として、教育格差是正策のあり方に関する先行研究について、大きく三つの流れに分けて整理を試みる。

　第一は、教育制度の多様な目的から教育格差是正策の特徴を捉える研究である。教育制度には個人の社会移動（social mobility）の促進や効果的な人材の育成、民主的市民の形成といった異なる社会的目標が存在するとされるが、教育格差是正策についても、いかなる側面を重視するかによって異なる様相を呈することが考えられる。本書では、教育制度の多様な次元に関する先行研究に基づき、韓国の教育福祉政策をはじめとする教育格差是正策が異なるアプローチを持つことへの説明を試みる。

　第二に、従来の教育格差是正策が内包する形式的・補償的なアプローチの問題を指摘し、その解決策として、社会関係資本の可能性を論じる研究である。これは、第1の先行研究とも関連するものであるが、個人の社会移動の開放性を重視する社会においては、教育格差是正策も往々にして教育機会へのアクセスの保障が重視される傾向が見られる[5]。しかし、近年はこのような画一的でパターナリスティックなアプローチの問題点を指摘し、より「実質的な」平等の実現のために、社会関係資本の果たす役割に注目する研究が増えている。本書も韓国における教育福祉政策の質的な充実を社会関係資本の観点から考察している点で共通している。

　第三に、教育格差是正策に対する新自由主義の影響を検証する研究である。これは、第二の先行研究とも関連するものとして、教育格差是正策における形式的・補償的なアプローチは、教育に対する個人の責任を強調する新自由主義と親和性が高いとされる[6]。本書では、このような新

5　ハム・スンハン（2014）「福祉国家の類型と教育福祉の制度的モデル」『多文化教育研究』Vol.7、No.3、pp.135-151《韓国語文献》。

6　倉石一郎（2014）「公教育における包摂の多次元性：高知県の福祉教員の事例を手がかりに」

自由主義の理念が諸外国の教育格差是正策に与えたインパクトを踏まえながら、その議論の中で韓国の教育福祉政策の特質を明らかにする。

(1) 教育制度の多様な目的に関する議論

アメリカの公教育史の研究者であるラバリー（D. Labaree[7]）は、教育制度の目的には社会移動（social mobility）、社会的効率（social efficiency）、民主的平等（democratic equality）の三つの異なる次元が存在するとしながら、「アメリカという文脈において、これらの緊張関係は教育制度の三つの社会的目標間の闘争という形態をとった教育政治を貫くものであった」と指摘している。さらに詳しく言えば、社会移動を重視する立場からは、教育は各個人がその社会的地位を強化保全あるいは向上させる手段として見なされ、教育は「私的財（Private Goods）」となる。一方、社会的効率を重視する立場からは、教育は生産性の高い労働者を育成するための措置として、また民主的平等を重視する立場からは、有能な市民を作るための措置と見なされ、教育は「公共財（Public Goods）」となる。

このように教育を私的財としてみなす考えと、公的材とみなすものかという相異なる公教育観は、公教育における平等や包摂性を図る政策においても混在してせめぎ合っており[8]、例えば、人種隔離撤廃運動に対してブラウン判決（1954年）がとったアプローチでは、隔離撤廃を消費者の権利の問題として捉え、教育という「高価な商品」への平等なアクセスをある集団に対して拒否することは、その集団が社会的にのし上がっていく能力に重大な制限を課すものとして結論づけた。その中で教育は、その所有者に利益をもたらすような私的財として扱われ、議論の

『〈教育と社会〉研究』24、pp.1-11。

7　D. Labaree(2012) *Someone has to fail: The Zero-sum Game of Public Schooling*, Harvard University Press.

8　倉石一郎（2014）「公教育における包摂の多次元性：高知県の福祉教員の事例を手がかりに」『〈教育と社会〉研究』24、pp.1-11。

焦点も法律上の人種隔離への非難から、近隣の学校のあり方へと移っていった[9]。

　このように教育制度に私的財と公共財という、相反する目的が存在することについて、エスピン・アンデルセンの「福祉レジーム論」[10]において、各レジームによって教育が果たす機能や役割が異なることを指摘した研究も示唆に富む[11]。これらの研究によれば、自由主義レジームでは不平等の度合いが強く、教育制度は階層間の不平等を是正するものとして機能し、教育を通じての社会移動が最も重視される。一方、家族や職域の役割が大きい保守主義レジームでは、教育制度は社会階層を安定的に維持するための措置として効率的な人材育成に主眼が置かれる。さらに、社会民主主義レジームにおいては、教育制度は徹底した社会民主的な平等性に基づいて制度化されており、教育は公共財としての側面が強い。

　以上のようなラバリーやエスピン・アンデルセンの議論からは、各社会において教育制度に期待される機能や役割が異なることが示唆されるが、教育格差是正策においても「是正されるべき」ものが何かについて、各社会において異なる方向性をもつことが考えられる。韓国の場合、もともと分配問題解決のために教育を利用してきた側面があり、これまでの教育政策をみると、「ラディカルな教育機会の形式的平等化の試みによって、教育機会の平等についての関心の向かう先を形式的平等の次元のみ集中させてきた傾向」[12]が見られる。実際に1990年代までは「教育のはしご（교육사다리）」と呼ばれる、教育による社会階層移動は上手く機能しており、教育を通じた社会移動の開放性を維持することは、韓国の教育制度の根幹をなすものとも言われた[13]。その一方で、やや

9　ディヴィッド・ラバリー（2018）『教育依存社会アメリカ』倉石一郎訳、岩波書店、pp.197-198。

10　エスピン‐アンデルセン（2000）『ポスト工業経済の社会的基礎―市場・福祉国家・家族の政治経済学』桜井書店。

11　ハム・スンハン（2014）、前掲書。

12　有田伸（2006）、前掲書、pp.201-295。

13　キム・ジョンウォン（2017）「今、階層のハシゴとしての教育をやめるべき」『教育批判』（40）、pp.218-243《韓国語文献》。

結論を先取りしていうならば、韓国の教育福祉政策においては、一方では個人への平等な教育機会の保障という特徴を見せながら、他方では参加や関係性、連帯を強調する側面が見受けられる。韓国の教育福祉政策にみられるこのような二面性は、教育を個人的なもの（私的財）とみなすのか、公共的なもの（公共財）とみなすかという教育観とも深く関わっており、言いかえれば、教育福祉政策においても「教育福祉」を私的財として捉えるのか、公共財として捉えるのかという異なる見方が存在するといえる。

　さらに、韓国の教育福祉政策が社会課題解決に向けた新たなアプローチとして広くコンセンサスが得られたのは、「教育福祉」の概念が曖昧であるからこそ、様々な取組みと結びつきやすく、政策的妥協を生み出すことができたからである[14]。言いかえれば、教育福祉には教育学だけではなく、社会福祉学からの価値や理念、アプローチが混在することになり、その目的が曖昧なまま、政策が拡大してきた現状がある。

　一般的にいえば、「教育」という取組みは、個人の努力と能力に着目し、子どもの認知能力の発達に関心を持ちながら、発達保障や将来へのレデイネス（readiness）を支援する営みであり、「教育への権利」は基本的な人権として教育の機会均等が重視される。一方、「福祉」という取組みは、個人の努力や能力を越えた生活課題に着目し、児童福祉においては子どもの身体的・心理的・情緒的な発達に関心を持ちながら、現在のニーズの充足が優先される[15]。このように異なる機能をもつ「教育」と「福祉」であるが、両者とも個人のニーズへの対応という私的財の側面と、民主的市民の育成という公共財の側面を持ち合わせており、この二つが「教育福祉」という名の下で一つになった時、どちらの側面を重視するかによって、教育福祉政策の方向性も異なってくることが考えら

---

14 イム・ヒョンジョン、ジョン・ヨンモ、ソン・ジフン（2018）「韓国と日本の脆弱階層の児童への支援のための教育福祉政策の比較」『日本學報』Vol.0、No.116《韓国語文献》。

15 農野寛治・長瀬美子（2008）「教育福祉学の学的性格-必須科目『教育と福祉』の講義から」『教育福祉研究』34、pp.29-33。

れる。すなわち、本書の研究対象である学校を基盤として行われる教育福祉へのアプローチにおいても、教育機会の提供を重視する「教育」からのアプローチと、現在のニーズの充足を重視する「福祉」からのアプローチ（スクールソーシャルワークに近い）の二つに分かれている。

　その一方で、韓国における教育福祉の定義をめぐるアカデミアの議論をみると、教育福祉を個人への教育機会の提供、すなわち教育機会へのアクセスの問題だけに還元するのではなく、また現在のニーズの充足という社会福祉的な支援とも本質的に異なる目的を持った教育福祉固有の意義を見出している点が特徴的である。たとえば、キム・ジョンウォン[16]は、教育福祉を教育における公正性（equity）に向けた実践として捉えながら、教育福祉を「すべての国民が、社会が設定する教育の最低限の水準に到達し、また自分が置かれている状況とは関係なく、各自必要な教育を受け、潜在能力を最大限発揮できることを保障する公的支援（public service）」と定義する。そのうえで、教育福祉の取組みには、社会的排除を克服する手段として、多様な教育的ニーズに配慮した「インクルーシブ教育の原則」、学習者にとって意味のある教育の「場」への参加を促す「有意味な学習経験の原則」、すべての人が社会の構成員として参加し、具体的な役割を果たすことができる「主体的な市民養成の原則」という三つの原則を打ち出している。

　同じく、教育福祉における社会的包摂という公共的な視点や有意味な学びの意義について精緻化した概念定義を行った論考として、キム・インヒ[17]の研究が挙げられる。キムは「疎外（alienation）」を「意味ある相互作用の不在」と捉え、「教育的疎外（educational alienation）」とは、「学習経験や正常な教育機会が十分に得られず、自分の潜在能力を発揮できない状態が続き、その結果、正常な発達を遂げず、生活の質が低下

16　キム・ジョンウォン（2008）『教育福祉政策の効果的な推進のための法制度整備に関する研究』韓国教育開発院、pp.46-52《韓国語文献》。

17　キム・インヒ（2006）「教育福祉の概念に関する考察：教育疎外の解消に向けた教育福祉の理論的基礎の定立に関して」『教育行政学研究』24(3)、pp. 289-314《韓国語文献》。

している状態」と考える。そのうえで、教育福祉を「教育的疎外を克服し、教育と学習が正常に行われる状態、または教育的疎外を克服するための意図された試み」と定義し、「教育的疎外」には教育機会へのアクセスの問題だけではなく、教育内容や方法が不適切であるために生じる教育不適応の問題も含まれると論じる。このようなキムの議論において注目すべきは、教育福祉を「特定の政策を指すのではなく、価値観やパラダイムに関わるもの」としながら[18]、個人の教育的ニーズを社会構造の問題、すなわち「教育的疎外」の観点から捉えなおし、形式的な教育機会の保障だけでは「教育的疎外」の問題は解決しないと結論づけている点である。

　さらに、パク・ジュホ[19]も韓国の教育福祉には教育活動と社会福祉サービスの両方が含まれるとしながら、教育福祉を「学校教育への参加を保障すること、また教育のプロセスにおいて学習への妨げとなる要因を取り除き、有意味な学習活動の提供を目指す政府もしくは民間による公的な支援活動」と定義しながら、教育格差が生じる非可視的な要因として社会関係資本の重要性を論じている。

　教育福祉の定義に関する以上の韓国の先行研究を整理すると、韓国における教育福祉は、形式的な教育機会の提供や単なる社会福祉的な支援に留まるものではなく、潜在能力の顕在化や学校活動への参加ないし有意味な学びを通じて社会的な公平を実現しようとする取組みであることがわかる。すなわち、教育福祉には、個人の成長へのニーズを満たし、自己実現を目指すという「価値」が内包されていることが見えてくる。本書では以上の先行研究の知見を参考にしながら、教育福祉を「生活支援を通じた身体的・情緒的・社会的なニーズの充足をベースとしながら、将来のレディネスに向けた発達保障のための取組み」と捉え、韓国の教育福祉政策が実際に政策や学校現場において、どのように具体化・

---

18 キム・インヒ（2019）『教育福祉と学校革新』韓国学術情報、p.27《韓国語文献》。

19 パク・ジュホ（2015）『韓国型教育福祉モデルの構築』教育福祉政策重点研究所、pp.5-26《韓国語文献》。

具現化されているかを検証する。

(2) 従来の教育格差是正策の限界と社会関係資本の可能性に関する議論

　上記の先行研究からは、教育制度が目指す多様な目的から、各国における教育格差是正策が異なる内容となることが示唆される。とりわけ、教育による社会移動を重視する社会においては、教育も社会移動という総量の決まった資源の奪い合いとなるため、教育格差是正策においても「ゲームのルール」の公正、すなわち、教育機会の均等や「スタートライン」の平等が重視される傾向がみられる[20]。しかしながら、このように個人の教育機会へのアクセスに重きを置く従来の教育格差是正策については、その効果が必ずしも肯定的なものとはいえず、例えば、米国のHead Start[21]や21stCCLCによる放課後の格差是正の取組みに対する大規模な評価（Mathematica Policy Research[22]）等、その効果を限定的に捉えるものも少なくない。

　このように従来の教育格差是正策の成果を否定的もしくは限定的に捉える研究については、政策理念を問題視するものが多く見受けられ、例えば、補償教育政策について古くはBernsteinが「文化剥奪論」に対する批判[23]を通じて、再生産論者の視点から、補償教育そのものに疑念を抱きながら、学校知識や学校カリキュラムを社会統制装置であると結論づけている。同じく政策理念を問題視する研究として、「補償」や「矯正」を理念とする既存の教育格差是正策は、社会経済的な不利の解消（再分

20　ハム・スンハン（2014）「福祉国家の類型と教育福祉の制度的モデル」『多文化教育研究』Vol.7、No.3、pp.135-151《韓国語文献》。

21　例えば2010年度にU.S. Department of Health and Human Servicesによって実施された"Head Start Impact Study Final Report"

22　U.S Department of Education (2005) "When school stays open late: The national evaluation of the 21st century community learning centers programs-Final report."

23　Bernstein,B.(1971) *Class, Codes and Controls*, Routledge.

配）においては効果的であるとしても、多様な文化的価値の承認という側面においては十分ではなかったことを指摘する研究が挙げられる（福島2011、高野2006、山森2000、S.Power2008、C.Raffo2013[24]）。これらの研究は、資源などの物質的財の配分に着目する考え方は、「分配パターンの決定を下支えしている社会構造の制度的文脈を無視[25]」しており、再分配論が見落としてきた価値に対する「承認」の問題があると指摘する。

　また、同じ文脈で、ハウ[26]も「教育機会の平等」について形式論的・補償論的・参加論的という三つの解釈を用いて説明しながら、学校の内外で子どもたちが経験する不平等を考慮しない形式論的なアプローチも、もっぱら競争を公正にする観点から不利な状況の緩和を求める補償論的なアプローチも、結果の平等を達成するには有効ではなく、分配される財やその配分決定に関して、当事者自身の声やニーズを十分に反映する参加論的アプローチの重要性を論じている[27]。これらの先行研究は概して、教育の不平等をめぐる問題を社会的な関係性の中で把握する視座の重要性を示しており、また「実質的な」平等は、形式的な再分配やパターナリスティック（paternalistic）なアプローチによっては達成できないことが示唆される。

　加えて、教育格差是正策におけるパターナリズムの克服については、韓国における教育福祉政策の対象範囲に関する議論（普遍主義・選別主義）も深く関連している。ここでは概要のみ述べるが、韓国では近年、選別主義からの脱却を目指した普遍主義の理念に基づく政策・制度の整

24　福島賢二（2011）「補償教育の平等主義的陥穽と脱却への視座」『沖縄国際大学人間福祉研究』第9巻第1号、pp.45-57。高野良一（2006）「アファーマティブアクションとしての実験学校」『教育学研究』第73巻、第4号、pp.54-68。山森亮（1998）「福祉国家の規範理論に向けて―再分配と承認」『大原社会問題研究所雑誌』No.473、pp.1-17。Raffo,C(2013) Education Area Based Initiatives: Issues of Redistribution and Recognition, *Neighborhood Effects or Neighborhood Based Problems?* : A Policy Context, Springer pp.25-41.

25　Young,M and Muller,J(2010) Three Educational Scenarios for the Future: Lessons from the sociology of knowledge, *European Journal of Education*,45(1),pp.11-27.

26　ハウ・ケネス（2004）『教育の平等と正義』大桃敏行（訳）pp.161-175、東信堂。

27　額賀美紗子（2011）「『公正さ』をめぐる教育現場の混迷」『異文化間教育』第34号、pp.22-24。

備が進められている。ここでいう普遍主義・選別主義の議論は、単なる対象範囲の設定の問題ではなく、望ましい社会のあり方や目指すべき社会のビジョンに関する問題として、2010年以降の韓国の教育福祉政策の量的拡大および質的変化を考察する上でも、極めて重要な概念といえる。一般的に普遍主義と選別主義という用語は、「社会政策や社会福祉における目標・原則・給付範囲・受給条件等、基本的な制度の枠組みを示す概念[28]」であり、すべての国民を対象としながら、生活の質向上を目指す普遍主義と、社会的・経済的な弱者のための特別な取組みを志向する選別主義に分類される。普遍主義の長所としては、社会の階層分化が起こらず、政治的支持を得やすいこと、またステイグマ（stigma）を生まず、中長期的には格差を縮小できることが考えられ、短所としては支出規模が大きくなり、負担への合意形成が困難であることが挙げられる[29]。

　後に詳細に検討するが、韓国における普遍主義の拡大には選挙という政治的な要因が深く関わっている。その一方で、実践の現場からは、ステイグマの問題の克服が教育福祉の取組みの成功を左右する重要な鍵となっていることが、しばしば指摘がされてきた。貧困の子どもに対する支援の歴史が浅い韓国において、ステイグマの問題が注目されることは殆どなかったが、「選別された」子ども達が社会的に委縮し、対人関係を築くことを躊躇し、周囲との積極的な関りや参加を避けるようになることが度々問題として浮上した[30]。加えて、このようなステイグマの問題の他にも、選別主義的なアプローチによって、教育福祉の取組みが「追加される」副次的な支援となり、学校現場では本来の教育活動とは無関係な支援活動として進められることが課題として指摘されてきた。すなわち、学校現場からは、子どものホリスティックな発達のためには、ニー

28　庄司洋子・木下康仁・武川正吾・藤村正之編（1999）『福祉社会事典』弘文堂、p.878。

29　大岡頼光（2014）『教育を家族だけに任せない：大学進学保障を保育の無償化から』勁草書房、pp.127-131。

30　キム・クァンヒョク（2017）「烙印が児童発達に与える影響：教育福祉優先支援事業の参加児童を中心に」『学校社会福祉』Vol.0、No.37、pp.25-43《韓国語文献》。

ズの高い子どもに対して、「欠如」を前提とした「選別的」な支援だけでは足りず、潜在能力をもった権利の主体として子どもの存在を認めることが重要であり[31]、そのためには日常的な学校活動の中で、より「普遍的」なアプローチにより、社会的包摂を目指すことが重要であるという認識が広がってきたといえる[32]。

　そこで、このような課題へのアプローチとして、本書では「普遍的」な環境整備を通した教育福祉の実現のための手がかり、ないしは従来の教育格差是正策の形式的・補償的な側面を乗り越える手段として、社会関係資本の可能性に注目する。その理由については、先述の通り、これまでの教育格差是正策は、社会経済的に不利な状態にあるとされたものへ、教育資源を傾斜的に配分するという議論が中心であった[33]。こうした個人に対する補償主義的な資源配分の議論は、教育を私的財として捉える「教育消費者」的な視点とも結び付きやすく、また個人の自己責任を重視する新自由主義の思潮とも親和的であったため、時代とともにより一層強化されるようになった。一方、子どもを取り巻く環境が大きく変化している中、個人への教育機会の平等にのみ関心を払うのではなく、学校と家庭、学校と社会との相互作用を踏まえた、新たな教育格差是正策のあり方が問われるようになった。その中で注目されたのが社会関係資本である。

　Bourdieu、Coleman [34]、Putnam [35]の3人の理論的原型を出発点としながら、これまで社会関係資本と教育パフォーマンスの相関あるいは因果関係に関する研究は数多くなされてきた。日本においては社会関係資本の概念

31　キム・キョンエ他（2013）『教育福祉、「生」を生かす教育』韓国教育開発院《韓国語文献》。

32　キム・キョンスク（2017）『教育福祉の観点からみた革新学校の事例研究』韓国教員大学校博士論文《韓国語文献》。

33　福島賢二（2011）、前掲書。

34　Coleman, J.S. (1988) Social Capital in the Creation of Human Capital, American Journal of Sociology, 94, pp.95-120.

35　R.D. Putnam(1994) Making Democracy Work: Civic Traditions in Modern Italy、 Princeton University Press.（日本語訳、河田潤一訳『哲学する民主主義』NTT出版、2001年）

を用いた教育研究、とりわけ教育の不平等研究は、主に教育社会学の分野で行われ、例えば、志水は学校改革を実証分析する中で社会関係資本に注目し、「力のある学校」[36]や「つながり格差」[37]と名づけながら、「効果の上がる学校（effective school）」を創りあげるキーポイントの一つが社会関係資本であると論じている。平塚[38]も「質の高い教育」の平等な保障をどう構想するかについて、OECDによるキー・コンピテンシーと社会関係資本との関連に着目し、近年の社会変容は、社会関係資本をめぐる格差を拡大させており、これまで以上に社会関係資本の多寡が学習上の有利・不利に結びつくと論じている。但し、これらの先行研究は一般的な学校改革における社会関係資本の重要性を論じるものであり、教育格差是正策における社会関係資本の役割については十分に論じられていると言い難い。

　韓国においても、「教育格差」や「不平等」というテーマを中心に据えた社会関係資本に関する研究は、政府系シンクタンク（主にKEDI）による理論研究[39]をはじめ、多くなされてきた。本書と密接に関連する教育福祉の取組みによるネットワークについても、ネットワークの実態や成功要件、形成過程、教育福祉の専門家の役割といった内容に関する研究が蓄積されている。しかし、これらの研究は、個別の事例の実践・課題に特化した内容が多く、韓国の教育福祉政策の全体像を社会関係資本の観点から俯瞰するような研究は、管見の限り少ない。そこで本書では、政策レベルの分析に加え、学校現場のネットワークの形成や信頼関係の構築といった、実践レベルにおける社会関係資本の醸成を描くことで、より総合的な視点から韓国教育福祉政策の意義や課題を俯瞰できると考

36　志水宏吉（2017）『「力のある学校」の探求』大阪大学出版会。

37　志水宏吉（2014）『「つながり格差」が学力格差を生む』亜紀書房。

38　平塚眞樹（2006）「移行システム分解過程における能力観の転換と社会関係資本－『質の高い教育』の平等な保障をどう構想するか－」『教育学研究』第73巻(4)、pp.69-80。

39　社会関係資本に関する理論研究は、韓国教育学術情報院（KERIS）や韓国教育開発院（KEDI）、教育福祉重点研究所等によって行われ、教育福祉優先支援事業の効果を検証した研究（リュウ・バンラン、2013）や、学校と地域社会の連携の測定に関する実践研究（パク・ジュホ、2014）等が挙げられる。

える。

(3) 教育格差是正策に対する新自由主義の影響に関する議論

　本書は、諸外国の教育格差是正策に対する新自由主義の影響を検証する研究とも深く関連している。一般的に教育政策における新自由主義な要素といえば、国家の競争力強化のために選択や自律、競争等といった「市場の論理」のもと、規制緩和を通じて「教育消費者」の多様なニーズを充足させることを重視し、主な特徴として脱中心化、アウトカム、競争、アカウンタビリティと密接に結びついたリーダーシップ、中央集権的に課される指標と質保証等が挙げられる。新自由主義的な教育改革は、1970年代以降、ケインズ主義福祉国家への批判としてイギリスや米国などで顕著に現れており[40]、可能な部分での公教育の民営化や教育サービスの商品化を進めつつ、教育サービスの獲得を自己責任化し、教育関連資本が市場メカニズムに依拠する公教育の仕組みの構築が強化されつつある[41]。

　韓国においても、1995年の「5・31教育改革」というエポックメーキングな教育改革以来、一貫して新自由主義的な教育政策が主流となっており、「教員能力開発制（教員評価）」や「学業達成度評価制（学校評価）」、また学校運営員会の設置や校長の公募制、「自律学校（学校選択）」の拡大など、新自由主義的な教育政策が次々と導入された。そのような流れの中で、教育福祉政策も「5・31教育改革」おける「教育福祉国家（Edutopia）」の提唱によって始まったものであり、地方分権化や個人の選択・多様性を重視する新自由主義的な要素は、教育福祉政策にも少なからず影響を与えてきた。

40　チョン・ボソン（1998）『新自由主義は韓国教育の進路』ハンウル出版社、pp.48-49《韓国語文献》。

41　佐貫浩（2018）「日本の教育改革の全体像と特質 —現代把握と新自由主義教育政策の本質把握を巡って—」『日本教育政策学会年報』pp.90-99。

一般に新自由主義的な教育政策は、「既存の制度に対する個人の不満を市場原理によって調整する方向を目指しており、教育への高い満足度が期待される一方、より大きな格差や社会的分断をはらむ社会となる可能性が高い[42]」と考えられている。そこで、本書は、このような新自由主義的な政策理念が、教育における平等のために行われる韓国の教育福祉政策と、どの程度の親和性を持って「教育的価値」[43]の実現に影響を与えているのかを検証する。

　ところで、これまでの諸外国の教育格差是正策に対する新自由主義の影響については、否定的な見方をする研究が多く見受けられる。例えば、本書の第4章で取り上げる教育福祉優先支援事業のモデルとなったイギリスのEAZ（Education Action Zone、1998〜2004年）やフランスのZEP（Zonesd'Education Prioritaires）についても、以下のように新自由主義からの影響を否定的に捉える研究が散見される。例えば、イギリスのEAZにおいては、教育不平等の是正に向けた労働党の政策には、短い間に相容れない二つの目標を同時に追求する矛盾が存在しており、貧困地域におけるパートナーシップの形成や親の参加等、社会関係資本の向上を通して教育不平等の解消に挑みながらも、他方では子どもの学業向上を成果指標（performance indicator）として与え、目に見える形での結果を求める新自由主義的な側面が年々強化され、政策の大きな妨げとなった[44]。同じく、フランスのZEPにおいても、当初は進歩派の政権によって平等の実現を理念として始まった政策であったが、後に新自由主義的な教育政策を進める保守政権に代ったことで、卓越性（excellence）を重視する評価方法へと変化した[45]。

---

[42]　広田照幸（2004）『教育（思考のフロンティア）』岩波書店。

[43]　川口洋誉（2018）「自治体における新自由主義的教育政策と教育福祉事業の展開とその転換」『日本教育政策学年報』25、pp.104-114。

[44]　Power, S. et al(2004) Paving a 'third way'? A policy trajectory analysis of education action zones, Research Papers in Education, Vol.19, No.4.

[45]　カン・スンウォン（2012）「イギリスとフランスの教育福祉事業の比較研究にみる我が国の教育福祉投資優先地域支援事業（교복투사업）の政治社会学的な性格」『比較教育研究』第22巻、

日本においても、貧困の自己責任化や地方格差の拡大等を理由に[46]、新自由主義の影響を否定的に捉えている研究が散見されるが、その一方で、学力政策の国際比較を行った志水[47]によれば、各国には共通する教育改革の方向性として、新自由主義的なものと社会民主主義的なものの二つの原理にのっとった教育改革が重層的に断行されつつあり、すなわち、個人の学力保障や教育機会の拡充といった新自由主義が政策の底流をなす一方で、社会的公正の考え方を重視する色合いも教育格差是正策に追加されている状況が共通してみられる。

　以上の視点を踏まえ、本書では、個人の選択や多様性、アカウンタビリティの重視する新自由主義の理念が、いかに韓国の教育福祉政策を形作ってきたか、また新自由主義的な教育政策へのカウンターバランス（counter-balance）として、どのような動きが生まれたかに注目する。言いかえれば、教育を私的財と捉える新自由主義の「教育消費者」的視点が韓国の教育福祉政策の中にどのように組み込まれており、また韓国が「公共性のパラドックス」[48]という教育の公共財・私的財というジレンマにどのように向き合ってきたか、その様相を明らかにする。それにより、韓国に限らず、諸外国においても個人の教育機会の保障を重視する新自由主義的な教育格差是正策と、社会的参加や連帯、関係性を重視する社会民主主義的な教育格差是正策が同時に進められている実態を捉えることができる、より丹念な分析視点の構築を試みる。

第3節 ## 研究課題の設定

　　第4号、pp.1-8《韓国語文献》。

46　川口洋誉（2018）「自治体における新自由主義的教育政策と教育福祉事業の展開とその転換」『日本教育政策学年報』25、pp.104-114。

47　志水宏吉（2012）『学力政策の比較社会学【国際編】－PISAは各国に何をもたらしたか』明石書店。

48　苅谷剛彦、堀健志、内田良（2012）『教育改革の社会学―犬山市の挑戦を検証する―』岩波文庫。

以上の先行研究の分析の結果、教育格差是正策には教育を私的財として捉え、社会移動の開放性の維持を志向し個人の教育機会の保障を重視する政策と、教育を公共財として捉え、社会参加や関係性の構築、連帯を重視する政策が存在することが明らかになった。また、教育による社会移動の開放性を重視する社会においては、教育機会へのアクセスの平等を中心に据えた形式的・補償的なアプローチとなる傾向が見られ、より「実質的」な教育の平等の実現のためには社会関係資本の構築が重要な手がかりとなることが示唆された。更には、教育格差是正策において、新自由主義的な教育理念は形式的・補償的なアプローチを補強するとの批判があることが確認された。

　以上に基づき、本書では韓国における教育福祉政策の展開と実践に着目し、社会的・経済的な弱者に配慮した教育格差是正策において、個人に対する平等な教育機会の保障を重視するアプローチと、社会関係資本の醸成による社会的包摂を重視するアプローチが、いかなる可能性と課題をもつのかを明らかにすることを目的とし、以下の3点を研究課題として設定する。

　第1の課題は、上記の二つのアプローチの観点から、韓国における教育福祉政策の形成および実施過程の変容を検証することである。とりわけ、各政権（中央政府）および地方教育行政という政策レベルにおいて、これまでの韓国の教育福祉政策が何を目的として（政策目的）、誰を対象に形成されてきたか（対象範囲）、その全体像を解明する。これにより、韓国の社会経済的な文脈から、中央・地方政府が志向してきた教育福祉政策の特質をより立体的に捉えることができ、またその議論の中で、中央政府の新自由主義的な教育理念が実際に教育福祉政策の展開の中で、いかに具現化してきたかを明らかにする。

　第2の課題は、韓国の教育福祉政策の代表的な取組みの中から、異なる方向性をもつ放課後学校と教育福祉優先支援事業という二つの取組みに焦点を当て、それぞれの制度的展開や現状・課題を明らかにすることである。上記の二つのアプローチのうち、放課後学校は個人に対する平

等な教育機会の保障を重視する取組みとして始まった経緯を持つのに対し、教育福祉優先支援事業は社会参加や関係性の構築を通じた社会的包摂を目指す取組みとしての特徴をもつ。両事業が実際に学校現場において、どのような様相を呈しているかを検討することにより、それぞれのアプローチの可能性と限界をより鮮明に描き出すことを試みる。

　第3の課題は、韓国の学校現場における教育福祉政策の質的変化について社会関係資本の観点から検証することである。特に、学校で新しく形成されたネットワークの態様や、子どもとの信頼関係構築に向けた取組みの内実を明らかにすることは、韓国の教育福祉政策が生み出す社会関係資本の特徴や、「教育」と「福祉」の効果的な連携のあり方、さらには教育福祉政策の効果を浮かび上がらせることに繋がると考える。

　ここで、本書における社会関係資本の捉え方について簡単に述べることにしたい。本書では、教育福祉政策の質的な充実を捉える視点として、「集団内または集団間の協働を促進する規範・価値・理解が共有されるネットワーク」[49]と定義される社会関係資本に着目する。実際に社会関係資本の定義をめぐっては、その機能や結果等を混同し、概念が拡散しているため、客観的な測定方法が確立しにくいという批判があるが、Bourdieu[50]のように社会関係資本を個人的資源ととらえる立場と、Putnam[51]やOECD[52]のように総じて社会的資源ととらえる立場に大別できる。一方、信頼できる人間関係や社会関係が何らかの個人的あるいは社会的効果の産出に寄与するとみる点では一致している[53]。

　さらに、従来の議論においては、社会関係資本の構成要素を信頼、

---

49 OECD (2001) *The Well-being of Nations: The Role of Human and Social Capital*, p.41.

50 Bourdieu, P. (1986) The Forms of Capital in J. Richardson (ed.) *Handbook of Theory and Research for the Sociology of Education*. New York: Greenwood, pp.241-258.

51 R.D.Putnam (1994) *Making Democracy Work: Civic Traditions in Modern Italy*, Princeton University Press.（日本語訳、河田潤一訳『哲学する民主主義』NTT出版、2001年）

52 OECD (2001)、前掲書。

53 平塚眞樹（2006）「移行システム分解過程における能力観の転換と社会関係資本－『質の高い教育』の平等な保障をどう構想するか－」『教育学研究』第73巻(4)、pp.69-80。

ネットワーク、規範の三つと捉える研究が多く[54]、社会関係資本の分類については、「制度的（structural）」・「認知的（cognitive）」社会関係資本に区別したUphoff[55]や、「構造的（structural）」・「認知的（cognitive）」社会関係資本に分類したJICA[56]の研究、構造的次元、関係的次元、認知的次元の三つの次元に分けたPutnam[57]の研究等が挙げられる。それぞれの内容をみると、構造的次元はネットワークの形成を示すものとして単位間の連結の形態や頻度に関連しており、関係的次元は相互作用の中で形成される人間関係に、認知的次元は共通目的や共通の価値観に焦点が当てられる[58]。また、このような分類の仕方は、社会関係資本を可視的なもの（構造的次元）と非可視的なもの（関係的・認知的次元）に区別できるが、これらの次元は相互に補完関係を有しており、構造的次元が機能するためには関係的・認知的次元が必要であり、また関係的・認知的次元は構造的次元によって強化・再生産される[59]。

　本書では、以上のような先行研究の知見に依拠しながら、社会関係資本を「個人レベルにおける信頼関係や規範、また組織レベルにおけるネットワーク等からなる関係性に基盤を置く有形・無形の資本」と定義し、そのような観点から、韓国の教育福祉政策によって醸成される社会関係資本について、ネットワークの形成という構造的（可視的）次元と、信頼関係など、個人の心理的な変化や態度に影響を与える関係的・認知的（非可視的）次元に分けて考察する。このように社会関係資本の醸成の観点から韓国の教育福祉政策を検討することは、これまで教育の

54 キム・テジュン（2010）『社会的資本の効果分析および体系的な支援方案』韓国保健社会研究院、p.25《韓国語文献》。

55 Uphoff, N. (2000) Understanding Social Capital: Learning from the Analysis and Experience of Participation in P. Dasgupta and I. Sergageldim (Eds.), *Social Capital: A Multifaceted Perspective*. Washington D.C.: The World Bank.

56 JICA（2002）『ソーシャル・キャピタルと国際協力－持続する成果を目指して－』

57 R.D.Putnam(1994)、前掲書。

58 石塚浩（2007）「社会関係資本と信頼概念」『情報研究』第36号、p.18。

59 JICA（2002）、前掲書、pp.13-15。

不平等を是正する政策が「能力主義的、個人主義的、競争的な原理であり、教育の結果の平等化を保証しえず、社会的ないし教育的な効果の格差に関して、保守的で不確定なもの」[60]であったという批判に対し、それを乗り越えるための重要な示唆が導き出されるものと考える。

第4節 ## 分析の枠組みと方法

(1) 対象の設定と分析の枠組み

　本書が具体的な分析対象とするのは、韓国において1990年代後半から学校を基盤として行われている教育福祉政策である。詳細な分析は後の各章に譲るが、韓国の教育福祉政策は、1997年のアジア通貨危機による急激な経済格差の広がりを背景に中央政府の主導によって急速に拡大した。トップダウン的なアプローチにより、「教育」と「福祉」の連携を通じた新たな教育格差是正の取組みが次々と学校現場に導入されたのである。一般にトップダウン型で進められる教育政策は学校現場の実情に必ずしも即していない可能性があり、韓国の教育福祉政策の場合も当初は中央政府主導の政策であったが、時間の経過とともに、地方分権化や個々の学校のアカウンタビリティを重視する新自由主義の影響を受けながら、地方教育行政と学校の役割が段々と重要となってきた。先述の先行研究からは、教育制度および教育格差是正策には多様な目的が存在することが示唆され、また一国の教育政策においても、必ずしもその目的が一つとは言えず、教育政策も多様なアクターの思惑が交錯する中で展開されることが考えられる。この点、これまでの韓国の教育福祉政策についても、大統領（中央政府）、教育監（地方教育行政）、教師や教育福祉士（学校現場）等が主なアクターとして関わってきており、各アク

60　黒崎勲（1985）「教育の機会均等原則の再検討-2-」『人文学報』(176)、pp.59-107。

ターには異なる方向性が見られる。

図表1 韓国における教育福祉政策の方向性を捉えるための分析の枠組み

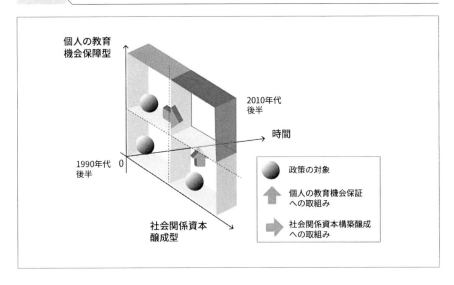

　本書では、第1章で詳細を述べるが、図表1の通り、韓国の教育福祉政策における政策レベル及び学校現場レベルでの取組みの方向性を捉える視点として「個人の教育機会保障型」と「社会関係資本醸成型」の二軸を設定し、韓国で教育福祉政策が本格的に始まった1990年代後半からこれまでの時間軸により、取組みの変化を検証する。なお、本書では図表1の二軸による分析の枠組みに基づき、実施主体（中央政府、地方教育行政、学校現場）における実施内容を検証するが、その際には政策目的（個人の教育機会保障型、社会関係資本醸成型）及び対象範囲（普遍主義、選別主義）による類型化を通じて、最終的には学校現場に生じた量的・質的変化を明らかにする。先述の先行研究からは、従来の教育格差是正策の形式的・補償的な視点が問題とされ、「実質的な」平等の実現のためには、パターナリズムを克服し、社会関係資本の醸成が重要な手がかりとなることが示されたが、本書では上記の分析を通じて、学校環

境の改善に資する制度整備というハード面と、子どもの関係性の構築という ソフト面の両方から、「教育」と「福祉」の連携に資する取組みの内実を明らかにする。

(2)　研究方法

　本書は、韓国の教育福祉政策の特質を明らかにするために、次の三つのステップに基づき分析を行う。まず、第1のステップ（類型的考察）として、同政策を対象範囲による分類（普遍主義・選別主義）に加え、「個人の教育機会保障型」および「社会関係資本醸成型」という実施内容による類型化を行う。これは、OECD[61]の人的資本・社会関係資本の分類に関する先行研究を参考にしたものであり、政策の焦点、実施内容、アプローチの方法という三つの分類基準を設ける。具体的には、政策の焦点については、政策が個人そのものに限定する取組みなのか、それとも個人を取り巻く環境までを視野に入れた取組みなのかに注目する。また、実施内容については、個人の学歴や資格取得、スキルの向上等に関わるプログラムなのか、それとも関係性の構築や社会参加の促進等を重視するプログラムなのかという分類基準を設ける。さらに、アプローチの方法については、教育バウチャー制度など、画一的な経済支援によるアプローチなのか、それとも個々人の状況に即したより多角的・個別的なアプローチなのかを基準とする（両者の詳細な内容については、第1章第1節を参照されたい）。

　言うまでもなく、実際に政府が打ち出す教育政策の目的は玉虫色の場合も多く、政策目的を明確に断定することは決して容易なことではない。しかし、以上の分類基準は、少なくとも目に見える形で表れる項目を判断基準としており、その限りでは一定の客観性をもって政策の方向性を判断できると考える。

61　OECD(2001) The Well-being of Nations: The Role of Human and Social Capital.

次に、第2のステップ（事例研究）として、「個人の教育機会保障型」の特徴をもつ放課後学校（第3章）と、「社会関係資本醸成型」の特徴をもつ教育福祉優先支援事業（第4章）を選定し、政策導入の背景を解明するとともに、トップダウン型で始まった両事業が地方分権化によってどのように変容してきたのか、また両事業が学校現場へ与えたインパクトについて、実施内容、実施主体、実施方法の観点から検証する。そのため、実施内容や予算の規模等が異なるソウル市（大都市）と江原道束草市（地方の小規模都市）という二つの地域を選定し、行政文書や事業マニュアル、学校の内部文書等の文献研究とともに、教育行政の担当者や教師（学校管理職を含む）、教育福祉士、放課後学校の運営担当者等に対する半構造化インタビューおよびフォーカスグループインタビュー（FGI）を実施し、それぞれの取組みに関する制度的現状や課題を明確にする。

　最後に、第3のステップ（構造的な特徴の抽出）として、政策と実践の両面から、それぞれのアプローチ、すなわち実施内容による「個人の教育機会保障型」と「社会関係資本醸成型」、および対象範囲による普遍主義・選別主義の長短所を網羅的に洗い出す。それによって、韓国の教育福祉政策が子どもを中心に据えた教育福祉の実現にいかに貢献しうるかについて、制度の整備という形式的な側面と、子ども一人ひとりのウェルビーイングの実現という内容的な側面から検討する。また、その議論の中で、韓国の教育福祉政策に対する新自由主義のインパクトを吟味するとともに、「教育」と「福祉」の連携のあり方について、「教育」からのアプローチ、すなわち、個人の教育機会の保障を重視してきた韓国の教育福祉政策の意義や限界を問うこととしたい。

　なお、本書は文献研究として、各種報告書、教育白書、統計データ等の政策文書及び関係機関の刊行物、韓国および日本における主要なジャーナル論文と著書、政府系シンクタンクである「韓国教育開発院（KEDI）」や「中央教育福祉研究支援センター」等の報告書、各関係機関のウェブサイトから得られる情報等を用いる。また、政策レベルにおける分析については、大統領および教育監の選挙公約や各政権の「基本

計画」（政策大綱に当たる）、予算資料、国会の議事録や大統領の発言集、マスコミの資料等を用いる。

第5節 本書の構成

　本書は、韓国の学校現場における教育福祉政策について、中央・地方政府の政策レベルでの特質を検討する部分と、二つの地域の学校現場における実践レベルでの事例研究から構成される。それにより、韓国の教育福祉政策が政策から実践へと展開されていくなかで、どのように質的・量的に変容するかを捉えることで、最終的には「教育」と「福祉」の効果的な連携について示唆を得ることを目的としている。

　第1章では、序章で設定した分析の枠組みの整合性の確認及び第2章以降の分析のための基礎的な検討として、韓国の学校を基盤とした教育福祉政策の制度的導入の背景や展開、事業の実施状況について整理・分析を行う。第1節では、韓国の社会的・経済的な文脈を踏まえつつ、本書の分析の枠組みである「個人の教育機会保障型」および「社会関係資本醸成型」の政策について、その特徴を整理する。

　第2節では、諸外国との比較を通じて韓国における教育福祉政策の特殊性を検討したうえで、放課後に実施される教育福祉政策の全体的な取組み状況について整理する。

　第3節では、教育費特別会計によって行われる韓国の代表的な8事業について、政策目的（個人の教育機会保障型、社会関係資本醸成型）および対象範囲（選別主義、普遍主義）により類型化を行う。そのうえで、中央政府（教育部）が公開している予算資料を用いて予算割合に関する分析を行い、2010年以降の韓国の教育福祉政策の拡大や方向性の変化を示すことを試みる。

第2章では、第1章で確認した教育福祉政策の変化の背景について、政治、特に選挙がもたらす影響に着目し、政治的な要素が「個人の教育機会保障型」および「社会関係資本醸成型」の政策に与えた影響について検討する。第1節では、新自由主義的な教育政策基調を踏まえながら、中央政府レベルにおいて大統領選挙の選挙公約の分析とともに、選挙公約が実際にどのように実施されたかを各政権が打ち出してきた「基本計画」（政策大綱）等をもとに検討する。第2節では、民選による教育監（日本の教育長に当たる）の登場といった教育行政における地方分権化の影響に着目しつつ、2010年と2018年の教育監の選挙公約を比較し、地方教育行政が教育福祉政策を通じて何を目指してきたのかを明らかにする。第3節では、教育福祉政策の展開に見られる中央政府と地方教育行政の共通点・相違点を見出し、選挙や新自由主義的な政策基調が中央政府および地方教育行政の「個人の教育機会保障型」および「社会関係資本醸成型」の取組みに、どのような影響を与えてきたかを浮き彫りにする。

　第3章では、第1章で「個人の教育機会保障型」の代表的な取組みとして分類された放課後学校に焦点を当て、制度の導入背景や変遷を概観したうえで、大都市と地方小都市の教育インフラの異なる二つの地域での現地調査を行い、運営実態を明らかにする。これにより、「個人の教育機会保障型」の取組みが地方化により、いかなる質的・量的な違いをもたらしているのか、実施方法（市場原理の導入）や教育消費者といった視点から検討を行い、同事業の公共性という観点から考察する。以上より、「個人の教育機会保障型」の政策が実際に学校現場において、いかに具現化できるのかを検証する。

　第4章では、「社会関係資本醸成型」の代表的な取組みである教育福祉優先支援事業に焦点を当てる。まずは、「政策の窓モデル」に基づき、政策導入の背景や政策形成過程を明らかにし、地方移譲という制度的展開を踏まえつつ、第3章で扱った二地域での学校フィールド調査をもとに学校現場における変化を検証する。特に、教育福祉の専門家（教育福祉士）や教師による子どもとの信頼関係の構築のための「教育福祉

室」や「希望の教室」といった制度的に整備された「場」に注目する。その中で、より効果的な教育福祉の実践のための制度的工夫や、実践を通じた教師側の変化にも注目し、両地域における「社会関係資本醸成型」の取組みについて、質的・量的側面からの検討を踏まえ、学校の役割の変化について考察する。

　終章では、第1章から第4章までの分析結果を踏まえて、韓国における学校現場を基盤とした教育福祉政策は、中央政府から地方教育行政へ、また学校現場の実践レベルへと展開されるなかで、「個人の教育機会保障型」及び「社会関係資本醸成型」はどのように変化してきたかを具体的に描き出し、最終的には「教育」と「福祉」のより効果的な連携のために必要な要素とは何かを明らかにする。

第1章

韓国における学校を基盤とした
教育福祉政策に関する類型的考察

本章では、序章で提示した本書の分析の枠組み（図表1）について、その詳細を論じるとともに、学校を基盤として行われる教育福祉政策の制度的展開の状況を明らかにする。とりわけ、韓国の代表的な教育福祉の取組みともいえる教育費特別会計の8事業について、政策目的および対象範囲による類型化を行い、それに基づく予算割合の分析を通じて韓国の教育福祉政策の特徴や変化を探る。

第1節 　**教育福祉政策の方向性を捉える二つの視点**

　序章では、韓国の教育福祉政策に見られる二つの政策の流れについて、「個人の教育機会保障型」と「社会関係資本醸成型」に分類することを提案している。端的に言うならば、「個人の教育機会保障型」政策とは、社会移動の開放性、つまり誰もが意欲と能力があれば、自分の出身とはかかわりなく、社会移動の機会が平等に与えられることを目指し、主に個人の社会移動に必要な支援が行われる政策を意味する。実施内容も奨学金や教育バウチャーなどの経済的支援になりやすく、形式的な平等を目指す傾向にある。もともと、教育と社会移動の関係については、教育による社会的不平等の再生産もしくは拡大とみる葛藤主義的な立場（ボウルズ、ギンダス）と、家族の社会的・経済的な条件と関係なく個人の能力によって学力は配分され、その結果、学校教育は人々の職業的能力を向上させ、平等な社会の実現に繋がるとみる機能主義的な立場に分かれる。後者の機能主義的な立場に立つと、「教育機会の平等」は社会発展のために重要なイデオロギーとして機能しており、この点、韓国の教育福祉政策も機能主義的な側面が強いとされる[1]。

1　ヨ・ユジン（2008）「韓国における教育を通じた社会移動の傾向に関する研究」『保健社会研究』Vol.28、No.2、pp.53-80《韓国語文献》。

そもそも社会移動の開放性は、その社会の平等性を図る尺度でもあり、親の社会的・経済的な条件に関係なく個人の能力を最大限発揮できることは社会統合にも繋がる。韓国においては急激な経済発展に伴って、教育は個人にとっても、社会にとっても極めて重要な役割を果たしてきており、その中で「小川から竜が飛び出す（개천에서 용난다）[2]」ということわざからも分かるように、教育を通じた社会移動への期待は社会全体で共有されてきた。その結果、韓国はOECD加盟国の中でも、最も急速に高学歴社会に成長し、GDPに占める私教育費も圧倒的に高くなっている[3]。

| 図表2 | 韓国における世代別社会移動[4] |

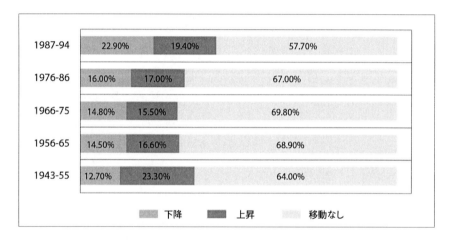

	下降	上昇	移動なし
1987-94	22.90%	19.40%	57.70%
1976-86	16.00%	17.00%	67.00%
1966-75	14.80%	15.50%	69.80%
1956-65	14.50%	16.60%	68.90%
1943-55	12.70%	23.30%	64.00%

　図表2は、韓国社会における世代別の社会移動の変移を示すもの

---

2 「出身など与えられた環境が悪くても、本人の努力次第で大きな成功を収めることができる」という意味のことわざ。

3 PIAAC(Program for the International Assessment of Adult Competencies　2012年)によれば、韓国の場合、親の学歴が高卒以下でも、子どもが大学教育を受けられた成人の割合（22~44歳）は43％となっており、OECDの平均（22％）の約2倍である。

4 アジア経済ニュース、『土のスプーンも金のスプーンになれる：韓国の所得階層移動の可能性は高い』2017年8月8日《韓国語文献》。
パク・ビョンヨン（2010）「教育と社会階層移動の調査（Ⅲ）：教育階層化と社会移動の推移の分析」韓国教育開発院《韓国語文献》。

であり、グレーの部分は下降を、濃灰色は上昇を表す。1976年から1994年までの社会移動率をみると、下降（16.0％→22.9％）から上昇（17.0％→19.4％）を引くと、約4.5％減少していることがわかる。実際に1980年代までは個人の能力と努力による社会的移動が活発に行われ、父親の学歴や職業といった帰属要因の影響は少なかったとされる。一方、図表3は自分の社会移動をどのように認知しているかという社会移動の主観的な側面を表しており、統計庁が実施した社会移動に関する調査によれば、社会移動の可能性を否定的に感じる人の割合（黒色）は、2006年の29.0％から2015年の50.5％へと増えており、社会移動の開放性を否定的に考える人が増加している。社会移動については、狭間[5]が論じているように、客観的な階層移動の事実だけではなく、自身の社会移動をどのように認知しているのかという主観的な側面も分析の対象となるが、韓国の場合は客観的な実態よりも自身の社会移動の可能性を否定的に捉える傾向が年々強まっていることが見てとれる。このような社会の変化を背景に、「個人の教育機会保障型」の政策が積極的に進められたことが推察される。

図表3 社会移動に対する主観的な捉え方の変化[6]（数字は％）

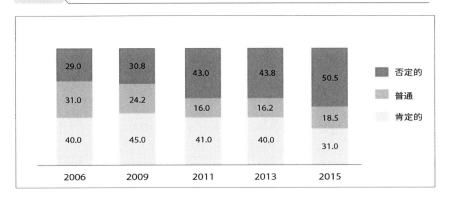

否定的
普通
肯定的

	2006	2009	2011	2013	2015
否定的	29.0	30.8	43.0	43.8	50.5
普通	31.0	24.2	16.0	16.2	18.5
肯定的	40.0	45.0	41.0	40.0	31.0

5　狭間諒多朗（2015）「階層帰属意識の規定要因としての社会移動：主観的社会移動が捉える2つの経路」『年報人間科学（36）』pp.1-17。

6　『中央日報』（「階層移動性が高くても悲観的になる理由は」2017年8月18日付）《韓国語文献》。

こうした社会移動の開放性を重視する流れに対し、もう一方の「社会関係資本醸成型」政策も存在する。本書でいう「社会関係資本醸成型」政策とは、社会的・経済的な弱者の社会的包摂を志向し、構成員間の関係性の構築や社会参加の促進等を重視する政策を指しており、実施内容もより個々の状況に即した多様な支援が目指される。そもそも、「社会的包摂（social inclusion）」はEU圏内において1990年代になって急速に普及した概念であり、その定義をめぐっては議論の余地が多い。その中で、本書では「社会的包摂は、不利な立場に置かれている個人・集団の社会参加の促進を目的として、その人の能力や機会、尊厳を改善するプロセス」という世界銀行[7]の定義を参考にしながら、社会的に包摂されることは「その人にとって社会関係が育まれ、その人らしく過ごせる居場所があること[8]」という考え方を用いることとする。これを踏まえ、本書では「社会関係資本醸成型」政策を過去イギリスのニュー・レイバーが進めていた政策と同じ文脈で、「市民社会の再生や社会的公正、社会的連帯という新しい社会のあり方、また刷新された民主主義の中での人間関係の構築を目標とする政策」[9]として定義する。なお、図表4は以上の二つの視点を整理したものである。

　本来、社会移動（階層移動）の開放性は、階層の存在を前提とした移動の機会の平等であり、その実質は相対的競争（全体としては上昇と下降はゼロサム）である。韓国においては、端的に言えば、例えば職業を代表とした社会移動と最も相関が強い移動手段といえば、学歴や資格が挙げられる。他方、社会的包摂は階層移動が公平・公正に機能するための土壌であり、社会移動の開放性を包含し得る概念と考えるが、その実質は社会的弱者を社会全体で積極的にケアし社会参加を促す取組みないしシステムの構築であり、そこに社会移動（階層移動）が有する相対的競争といった性質はない。

7　World Bank (2013) *Inclusion Matters: The Foundation for shared prosperity*, pp.2-3.

8　全国社会福祉協議会（2017）『社会的包摂にむけた福祉教育～福祉教育プログラム7つの実践～』全国ボランティア・市民活動振興センター、p.6.

9　吉原美那子（2005）「イギリスにおける包摂的教育の政策とその特質--社会的排除と社会的包摂の概念に着目して」『東北大学大学院教育学研究科研究年報』53（2）、pp.75-88。

図表4 韓国の教育福祉政策を捉える二つの視点（筆者作成）

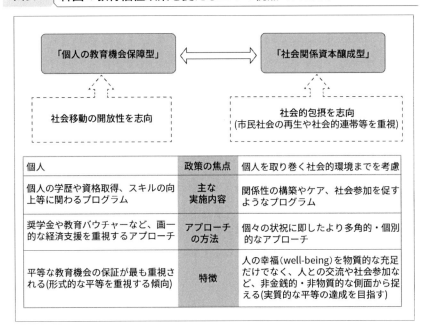

個人	政策の焦点	個人を取り巻く社会的環境までを考慮
個人の学歴や資格取得、スキルの向上等に関わるプログラム	主な実施内容	関係性の構築やケア、社会参加を促すようなプログラム
奨学金や教育バウチャーなど、画一的な経済支援を重視するアプローチ	アプローチの方法	個々の状況に即したより多角的・個別的なアプローチ
平等な教育機会の保証が最も重視される（形式的な平等を重視する傾向）	特徴	人の幸福（well-being）を物質的な充足だけでなく、人との交流や社会参加など、非金銭的・非物質的な側面から捉える（実質的な平等の達成を目指す）

　加えて、本書では図表4の類型化を行ううえで、OECD（2001）による「人的資本」および「社会関係資本」に関する概念定義を参考にしている。OECDは「The Well-being of Nations: The Role of Human and Social Capital（邦訳「国の福利：人的資本及び社会的資本の役割」）」という著書の中で、経済・社会開発を支えるために用いられる資源として、人的資本と並んで社会関係資本の重要性を論じている。

　とはいえ、社会的包摂は社会科学に基づく理論的概念というよりも、政策指向的な概念として性格を有しており、社会的包摂の概念自体が曖昧であるため、「何を」測れば、社会的包摂のメルクマールになるかについて、研究者の中でも合意が取れていない[10]。近年、欧米においても、所得や消費の側面から論じられることが多かった貧困を社会的排除とい

10　阿部彩（2007）「日本における社会的排除の実態とその要因」『季刊社会保障研究』43(1)、pp. 27-40。

う新しい概念でとらえる動きが活発になっており、フランスの反排除法の制定（1998年）やイギリスの「社会的排除室の設置（Social Exclusion Unit、1999年）」など、社会的包摂を政策の目標として掲げる国が多くなってきている。このような政策においては、個々人のウェルビーイング（幸福）を単に物質的な充足度だけでなく、人との交流の度合い、社会参加、政治的発言力、健康や教育などの非金銭的・非物質的な状況に影響されると捉える点が特徴的である。

　OECD[11]は、人的資本を「個々人に具現化した知識、機能、コンピテンシーおよび属性」、社会関係資本を「集団内または集団間の協力を促進する規範、価値観および理解の共有を備えたネットワーク」と定義しているが、両者は直接的に相反するものではないものの、理論的にも実践的にも少なからず緊張関係に置かれることが多い[12]。なお、図表5は両者の相違点をまとめたものであるが、先述の図表4については、公共政策を進める上で、政策の対象や実施内容、目的等について異なる方向性が存在することを前提に分類基準を設定している。

図表5　人的資本と社会関係資本の相違点（出所：OECD2000）

	人的資本	社会関係資本
焦点	個人	関係性
判断基準	学歴、資格	所属/参加、信頼の程度
成果	直接的：所得、生産性 間接的：健康、市民活動	社会的結束、経済達成、 社会関係資本の増強
モデル	線形	相互作用/循環
政策	機能訓練、機会の拡充、 利益率の適正化など	シティズンシップ、能力向上、 エンパワメントなど

11　OECD(2001) *The Well-being of Nations: The Role of Human and Social Capital*,　pp.18-63.

12　佐藤智子（2014）『学習するコミュニティのガバナンス―社会教育が創る社会関係資本とシティズンシップ―』明石書店、p.55。

第2節　韓国における教育福祉政策の制度的状況

　本節では、韓国における教育福祉政策が日本や諸外国とは多少異なる意味合いで用いられていることを確認し、全体的な実施状況の分析を通して制度的特徴を明らかにする。

(1)　韓国における教育福祉政策の特殊性

　序章の先行研究の分析では、韓国では教育福祉の概念定義について明確な合意形成には至っていないものの、現在のニーズの充足という社会福祉的な支援や単なる教育機会の保障にとどまらず、個人の潜在能力の顕在化や有意味な学びなどを重視していることを確認した。これを踏まえ、本節では、諸外国や日本における教育福祉をめぐる議論を概観しながら、韓国における教育福祉政策の特質について検討する。まず、諸外国において、「教育福祉（education welfare）」という用語が実際に使われている国は、イギリスとアイルランドが挙げられる。イギリスでは1944年に「教育法（Education Act）」の制定によって、はじめて教育福祉のサービス（education welfare services）が導入され、現在は教育福祉局が学校の内外で子どもが抱える困難を把握し、学校生活への適応の促進を目指している。アイルランドの場合も、2000年に「教育（福祉）法（Education（Welfare）Act）」が制定され、学校への出席管理に主眼が置かれている[13]。一方、米国においては、教育福祉という言葉は使われていないが、「学校社会福祉（school social work）」という名のもと、学校を基盤とする福祉サービスが学校の社会福祉士によって提供されている。そのサービスの内容は、精神衛生や学業、教師と保護者に対する相談など、多岐に亘っており、日本の場合も米国に近い形となっている。

---

[13]　キム・ジョンウォン（2008）、前掲書、p.39《韓国語文献》。

このような諸外国での取組みと韓国を比較すると、韓国の教育福祉政策はイギリスやアイルランドのように、社会的な弱者の学校適応（出席管理等）に主眼を置くのではなく、多様な背景を持つ人々への幅広い支援を前提としている。また、米国の学校社会福祉（school social work）のように、社会的・経済的に不利な立場に置かれている人に焦点を絞る取組み（例えば、教育福祉優先支援事業）等も存在するが、放課後学校や初等ドルボム（ケア）教室等、すべての子どもを対象とした普遍主義的な取組みも多く実施されており、教育福祉の目的や対象範囲が米国や日本等とは異なっている[14]。

　一方、教育部の報告書（2004）でも書かれているように、韓国の教育福祉政策は諸外国において教育における公平（equity in education）を図る政策と同じ意味を持っており、国家が十分な教育機会が得られない社会的・経済的弱者のために追加的な支援を行い、教育の不平等を是正する政策として位置づけられている[15]。このような教育福祉の定義について、日本においても、例えば、吉田は教育福祉を「人間の尊厳をもった生活を保障する福祉的支援と、人間としての発達と学習を保障する教育的視点を双方向にクロスオーバーさせながら、福祉と教育の協働を促進するためのコンセプトである」と定義しており、また「教育福祉学」について「人と社会に対する包括的な視野から、人間の生活と発達を保障し支援するために必要な、福祉・保育・教育等の分野における専門的かつ協働的な実践と理論に関する研究」として定義している[16]。このように教育福祉を人間の生活と発達の包括的な保障と支援に関するものとして捉えている視点は韓国とも相通じるものがある。但し、日本では教育福祉に冠せられた「教育」が、対象領域的な概念として学校教育に限定されず、保育・家庭教育・社会教

14　リュウ・ヨンチョル（2017）『教育福祉法の制定のための基礎研究』慶尚南道教育研究、pp.17-18《韓国語文献》。

15　イ・テス（2004）『教育福祉総合具現方案に関する研究』教育部《韓国語文献》。

16　吉田敦彦（2012）「教育福祉学への招待　人類史的課題としての「Edu-care」探求」山野則子・吉田敦彦・山中京子・関川芳孝編　『教育福祉学への招待』せせらぎ出版、pp.5-21。

育・生涯学習支援を含んだ広義の「教育」を意味しているのに対し、韓国では、本章および第2章で示すように、実際に展開されている運営実態からすると、学校を基盤として行われる取組みが多数を占めており、その内容も教育機会の平等が重視される傾向が見られる。

　そもそも「教育」と「福祉」は隣接領域とされながらも、その目的に重要な違いがあり、端的にいえば、「教育」は子どもの教育機会の保障、「福祉」は健康で文化的な最低限度の生活の保障に主眼をおく取組みといえる。それゆえに、「教育」と「福祉」が一つになる教育福祉の進め方について、教育機会の保障を重視する「教育」からのアプローチと、生活の保障を重視する「福祉」からのアプローチをいかに両立させるかが重要となってくる。近年、日本で進められている教育福祉政策をみると、「福祉」が持つ教育的機能を拡大させることによって、「教育」と「福祉」が接近した側面があり、従来の生活の保障という「福祉」の機能に子どもの健全育成や学びに寄与するという「教育」の機能が加わっている。この背景には日本では2000年代になると、子どもの教育格差や貧困への社会的関心が高まり、2013年に「子どもの貧困対策推進法」や「生活困窮者自立支援法」が成立するなど、法整備によって従来から実施されていた学習支援の実践に財政的裏付けがなされたことが挙げられる。それに伴い、今日、複数の省庁[17]で学習支援が予算化されるようになり、日本における教育福祉政策は、子どもの教育機会の保障に資する教育政策としての意義が拡大し、福祉政策から教育政策としての位置づけに変化しつつあるといえよう[18]。

　しかしながら、このような取組みは、あくまでも最低限度の水準の保障、あるいは経済面に重きを置く「自立の支援」という言説で語られることが多く[19]、子どもの教育を受ける権利性や、子どもが主体的に学んで

17　2017年度時点では、厚生労働省の生活困窮世帯・生活保護世帯、ひとり親世帯、児童養護施設の子どもへの学習支援、文部科学省の地域未来塾や放課後子供教室を利用した学習支援、内閣府の沖縄の子どもの貧困対策における学習支援、復興庁の東北被災地での学習支援などがある。

18　松村智史（2016）「貧困世代子どもの学習支援事業の成り立ちと福祉・教育政策上の位置づけの変化」『社会福祉学』第57巻（2）、pp.43-56。

19　荒牧考次（2015）「教育機会を保障する政策の機能分析―学習支援費の創設の議論から」『社会

いくという視点が十分に反映されているとは言い難い。そもそも日本における戦後の児童福祉は、「国家主義、能力主義」に基づく教育政策から「捨象」された子どもたちを対象としてきており[20]、現在の教育政策や学校教育等の不備・欠陥に対する補完的な役割として機能してきた。このような日本の諸課題に対して、従来から子どもの教育機会の保障に資する政策を中心に、近年はすべての人を対象とする普遍主義政策を拡大している韓国の教育福祉政策は、いかなる示唆を与えうるのだろうか。

　韓国における教育福祉政策には、第4章で取り上げる教育福祉優先支援事業のように、教育福祉の専門家の配置等による「福祉」からのアプローチがとられているが、学校現場では依然として「教育」と「福祉」が交錯する実態が見られる。これについては教育福祉政策の導入に際して、福祉制度が十分に整備されていなかったことが原因の一つとして考えられる。例えば、2010年以降は0〜5歳児のための無償保育の導入など、児童福祉関連の支出が増加しているものの、そもそも韓国は予算だけをみると、福祉国家とは言い難く、2016年のGDPに対する社会福祉関連の支出もOECD加盟国の中でも最下位であり、全体の公的社会支出（public social expenditure）においても児童関連などの家族（9.6%）の領域は、保健（42.7%）や年金（24.3%）と比べ、著しく低い水準となっている[21]。

　教育福祉政策の導入に際して、子どもに対する社会福祉制度や社会的セーフティーネットが十分に整えられていない状況のもとでは、「教育」的な取組みのみならず、衣食住や医療の支援といった「福祉」的な取組みも必要であったことは明らかであった[22]。本書の4章で取り上げる教育福祉優先支援事業についても、2003年に貧困地域の教育力の向上や学力格差の是正を目的として導入されたが、朝食などの食事や医療サービ

福祉学』56（1）、pp.50-60。

20　中山芳美（1984）「教育福祉と教育行政」、鈴木英一編著『現代教育行政入門』勁草書房、p.180。

21　『韓国日報』2017年3月2日付《韓国語文献》。

22　参与政府政策報告書（2008）『教育格差の解消：公正な競争、全ての人に機会を』大統領諮問政策企画委員会、pp.35-47《韓国語文献》。

ス、衣類の支援等が行われており、2015年現在、食事サービスは1校当た
り12.1名（年間平均53万ウォン）、医療サービスは1校当たり11.8名（年間
平均139万ウォン）、その他のサービスは1校当たり65.4名（年間平均390
万ウォン）となっている[23]。このような福祉的な取組みの実施について
は、イギリスのEAZ（Education Action Zones）とフランスのZEP（Zonesd'Ed-
ucation Prioritaires）が「教育（education）」という言葉のみを使用し、貧
困層や移民の子女に対する学力格差の解消に注力しているのに対し、これ
らをモデルとして導入された韓国の教育福祉優先支援事業では「教育福祉
（education welfare）」という用語が使われ、「福祉」的な取組みも考慮に
入れている。すなわち、韓国の場合は社会福祉制度が十分に整備されてい
なかったことから、教育福祉の進め方について教育機会の保障を重視する
「教育」からのアプローチだけでは不十分であったことが推察できる。

　そもそも韓国の教育福祉政策は、1990年代後半から急速に進められた
社会福祉制度の整備に教育政策が影響を受けたものであり、第3章および
第4章の事例研究においても明らかになるが、「教育」と「福祉」の狭間
で教育福祉に対する一致した定義が得られないまま、新たな福祉関連の
事業を導入することが学校現場での混乱に繋がったほか、地方分権化の
影響により、地方によって政策の方向性や実施内容、予算等にばらつき
が見られる[24]。

(2) 放課後に実施される教育福祉政策の全体的な実施状況

　先述の通り、教育福祉の取組みには子どもの発達保障に主眼を置きな
がら、教育機会へのアクセスを重視する「教育」からのアプローチと、
生活支援の側面をもつ「福祉」からのアプローチの両者が含まれる。こ

23　教育福祉政策重点研究所（2016）『教育福祉優先支援事業の運営の現状と発展の方案』pp.65-67
　　《韓国語文献》。
24　金美連（2019）「韓国における『優先教育地域政策』の特質―『教育福祉優先支援事業』がもた
　　らした学校現場の変化―」『比較教育学研究』第58号、pp.48-68。

のような分類に基づき、図表6は2018年現在、中央政府によって進められている放課後の教育福祉の取組みを教育行政と福祉行政の事業に分けて全体的な実施状況をまとめたものである。なお、本書が放課後の取組みに注目した理由については、韓国における教育福祉の取組みは、従来の学校システムの維持を前提としながら、授業以外の活動等を通じて教育格差の解消を目指す側面が強く、放課後の活動が重要なターゲットとなっているためである[25]。

　図表6では、本書が取り上げる放課後学校（第3章）及び教育福祉優先支援事業（第4章）は、学校を基盤として教育部の管轄下で行われる教育行政の事業として分類される。一方、福祉行政による取組みは学校ではなく、「地域児童センター」や研修所などの施設等で行われることが多く、保健福祉部と女性家族部の事業として分類される。図表6において最も注目すべき点は、予算の規模や参加者の数からすると、教育行政の事業が福祉行政の事業よりも主流となっていることである。予算面では、教育部における教育福祉関連の予算（2015年）は全体で12.3兆ウォン（大半は無償保育や無償給食が占める）であり、図表6の事業はその一部に過ぎない一方、福祉行政の事業である「地域児童センター」[26]、「ドリーム・スタート」、「青少年放課後アカデミー」は、保健福祉部と女性家族部の主力事業である。つまり、教育行政の事業は福祉行政の事業よりも、予算は約5倍、参加者の数は約25倍も多く、放課後に関する教育福祉の取組みに限っていえば、教育行政（教育部）の事業がメインとなっている実態が見えてくる。

25　キム・フンホ、イ・ホジュン（2018）「教育福祉優先支援事業の教育的効果分析：ソウル市教育庁教育福祉特別支援事業を中心に」『教育行政学研究』Vol.36、No.5、pp.355-383《韓国語文献》。

26　保健福祉部（2017）は「地域児童センター」について「地域社会における児童の保護や教育、健全な遊び等を提供し、保護者と地域社会との連携を促進するなど、総合的な児童福祉サービスを提供することを目的とする施設として、地域社会において、子どもに対する「福祉」的な支援を行う最も重要な機関」であると位置づけている。1980年代半ばに低所得者層の地域を中心に「コンブバン（勉強部屋という意味）」という民間の支援施設が設けられ、全国的に広がりを見せたが、そのような施設がその後、2004年の児童福祉法の改正を受け、「地域児童センター」という公的な児童福祉施設に生まれ変わった。

	数育行政（教育部）の事業			福祉行政（保険福祉部・女性家族部）の事業		
	初等ドルボム教室	放課後学校（第3章）	教育福祉優先支援事業（第4章）	地域児童センター	ドリーム・スタート	青少年放課後アカデミー
管轄部署	教育部	教育部	教育部	保健福祉部	保健福祉部	女性家族部
法令	―	―	小中等教育法(施行令第54	児童福祉法（第52条）	児童福祉法（第37条）	青年基本法（第48条の2）
支援対象	小学生	小中高	小中高	18歳未満	0～満12歳	満9～13歳
運営主体	学校	学校	主に学校	地域児童センター	行政（市・群・区）	青少年研修施設
推進体制	市・道教育庁→教育支援庁→			市・道→市・群・区→		
	単位学校ドルボム教室	単位学校	単位学校・地域民間センター	地域児童センター	地域期間、地域資源	青少年研修センター
施行年度	2006	2005	2003	2004	2007	2005
参加者数（人）	261,187（18年）	2,934,000（18年）	174,853（17年、1,963校）	106,668（16年、4,105カ所）	9,745（16年）	10,588（18年、260カ所）
プログラム	芸術・体育、遊び、宿題指	教科、特技適性	学習、文体体験、心理・情緒、福祉プログラム	ケアと給食提供、学習指導など	身体発達、コミュニケーション能力、親への指導、情緒発達など	専門体験、学習支援、自己開発、生活支援など
利用者負担	無料	基本は自己負担(低所得家庭は無料)	対象者は基本無料	無料	無料	自己負担（低所得家庭は無料）
運営予算（億ウォン）	3,194（17年）	6,150（18年）	1,344（18年）	1,587（18年）	668（18年）	197（18年）

---

27 カン・ジウォン、イ・セミ（2015）「児童・青少年のドルボム（돌봄ケア）政策の現況分析」『保健福祉フォーラム』p.67 の資料も基に筆者修正《韓国語文献》。

さらに、図表7は実際に教育部によって進められている教育福祉の取組みのうち、学校を基盤として行われる事業内容を対象範囲（普遍主義、選別主義）および学校教育との関連性（基本的活動、付加的活動）という二つの軸で具体的に示したものである。図表7の横軸である普遍・選別主義は、序章の先行研究においても検討されている。また、縦軸である実施内容について、学校教育における「基本的な活動」は就学援助や学力保障など、学校教育を受けるに際して最低限行うべき支援を意味しているのに対し、「付加的な活動」はICT や放課後の活動など、正規の学校教育以外の活動が保護者の経済的・社会的条件に左右されないためのプラスアルファ的な支援を意味する。

　このような「付加的な活動」に対する支援は、従来から行われてきた「基本的な活動」に、2000年以降、教育福祉政策の名の下で新たに導入された取組みといえる。但し、図表7からは、そのような取組みが何を目的として進められているのか、政策理念や志向性までは見えてこない。そこで、次節では、対象範囲（選別主義・普遍主義）という分類基準のほか、政策目的という新たな分析の視点を取り入れ、韓国における教育福祉政策の特質を探ることとする。

図表7 **韓国の教育部が関わっている教育福祉事業**[28]

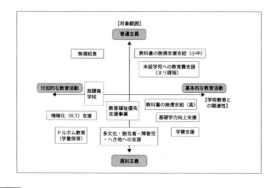

28　韓国教育開発院（2016）『データ基盤の教育政策分析研究（Ⅴ）』をもとに筆者作成《韓国語文献》。

代表的な教育福祉の取組みにみる教育福祉政策の特質

　本節では、政策レベルにおける韓国の教育福祉政策の特質を明らかにするために、中央政府および地方政府の共同事業として教育福祉予算の大半を占めている教育費特別会計の8事業について、その実施内容を検討する。また、政策目的および対象範囲による類型化を行い、経年変化を追うとともに、政策の方向性をより鮮明にする。

(1) 教育費特別会計による8事業の内容および類型化

　前節では、放課後の取組みを中心に、韓国の中央政府による教育福祉の取組み内容を検証した。そもそも韓国の教育福祉の取組みには、中央政府によるイニシアティブが欠かせないものとされてきたが、その背景として、財源の多くが「地方教育財政交付金」となっており、中央政府への財政的依存性が高いことが指摘されている[29]。一方、2010年以降は地方分権化の進展に伴い、教育福祉政策の実施主体も中央政府（教育部）、地方教育行政（市・道の教育庁とそれを管轄する教育監）、個々の学校の三つのレベルに分かれるようになり、それぞれには図表8のような異なる役割が期待されている。

29　ジャン・ドクホ他（2015）『教育福祉論』バクヨンストリー、p.51《韓国語文献》。

区分	役割
教育部 （中央政府）	事業の基本計画の作成、市・道に対する予算配分の決定、市・道の教育庁に対する評価、地方の特色のある取組みや優良事例を全国に普及
市・道の教育庁 （地方政府）	市・道の教育庁による独自の評価の作成、コンサルティングおよび優良事例の発掘、広報活動、各学校に対する評価
各学校	不登校や多文化の児童、脱北者など、それぞれの学校の状況に応じた評価の作成や実践

　具体的にみると、まず中央政府（教育部）は大統領の意見等を踏まえ、教育福祉事業の基本計画を作成するほか、市・道に対する予算配分や効果分析、地方の優良事例を全国に普及する役割を担う。次に、市・道の教育庁も独自の計画を立てることができるほか、各学校に対するコンサルティングの実施や先進事例の紹介、効果分析等を行う。最後に、個々の学校については、地方教育行政のトップである教育監が包括的な指導・監督権を有しているが、各学校にはそれぞれの状況に応じて教育福祉の事業を企画し、それに基づく実践を行うことも可能となっている。言いかえれば、上部組織による予算配分や評価体制等は存在するものの、各レベルにおいては、独自の取組みも実施可能な仕組みとなっており、韓国の教育福祉政策の全体像を捉えるには、中央政府だけではなく、地方政府や各学校の実践も併せて検討する必要があるといえる。

30　イ・グンヨン、イ・ゾンイク、ハ・ボンウン、ハン・ジョンウン（2018）『京畿道教育福祉政策の分析および発展方案：2018年京畿道教育庁の教育福祉事業を中心に』京畿道教育研究院、p.30-31《韓国語文献》。

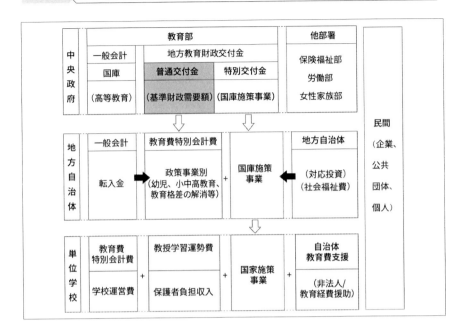

加えて、図表9は教育福祉財政の全体構造を示しているが、この図表からは実施形態のみならず、教育福祉政策に関わる諸アクターの存在も把握できる。公的な実施主体としては、中央政府、地方自治体、学校という三つの次元に分かれており、民間領域には地域社会や企業、公共団体、個人等が含まれている。また、行政は教育行政と福祉行政に分かれており、中央政府の福祉行政には保健福祉部、女性家族部、労働部の三つが、地方自治体の福祉行政には担当部署がそれぞれ関わっていることがみてとれる。但し、前節の通り、福祉行政よりも教育行政（教育部）の事業の方が予算の規模や参加者数からすると、主流を占めている現状がある。

　さらに、韓国の教育福祉関連の事業は大きく分けると、（1）中央政府が特別交付金等を通じて主導権をもつ「国家施策事業」、（2）教育

31　韓国教育開発院（2014）『教育投資の実態および効率化方案の研究』p.32《韓国語文献》。

行政の地方分権化により、各地方に移譲された教育費特別会計による事業、（3）教育監（日本における地方の教育長に当たる）の直接選挙時の公約によって政治的に導入された事業の三種類となっており、その対象や目的、財政等が多様かつ複雑である。とはいえ、2016年度の決算をみると、「国家施策事業」が3,348億ウォン、教育費特別会計の事業が6兆3,402億ウォンとなっており[32]、教育費特別会計の事業が教育福祉の予算の大半を占めていることが分かる。

　本節では、予算面からみると、韓国の教育福祉事業の大半を占めている事業（図表9の網掛け部分）である教育費特別会計による事業に焦点を当て、その特徴を探ることとする。教育費特別会計による事業は、中央政府が財源を保障し、地方政府がその具体的な実施内容を決める形で行われる中央・地方政府の共同事業としての性格を有するが、低所得者層の子どものために行われる教育福祉政策は、教育部の訓令である「地方自治団体における教育費特別会計の予算編成運営基準」による事業、すなわち、この教育費特別会計による「教育福祉政策事業」が中心的な位置を占めている。具体的には、「学費支援」、「情報化支援」、「農漁村学校の教育条件の改善」、「教科書支援」、「放課後の教育支援」、「無償保育（ヌリ課程）」、「教育福祉優先支援事業」、「無償給食」の8事業がそれに該当する。本節では、この8事業について、政策目的および対象範囲による類型化を試みるが[33]、事業内容については、政府による情報公開のホームページ[34]や教育部の公式サイトの内容等に基づいている。また、「個人の教育機会保障型」と「社会関係資本醸成型」の分類基準については、前節の図表4を参照されたい。

32　ジョ・ムヒョン（2017）『教育疎外階層を対象とする政策事業の類似・重複の実態と解決方案』全北教育政策研究所p.13《韓国語文献》。

33　ウン・ミョンスク（2018）「教育福祉の現況と課題」『保健福祉フォーラム』Vol.259、pp.41《韓国語文献》。

34　韓国教育部のホームページ https://www.gov.kr/portal/main#（最終アクセス2020年1月30日）

なお、各事業の詳細な内容および類型化は以下の通りである。

　第1に、教育費特別会計による「学費支援」とは、低所得家庭に対する学費助成や奨学金制度であり、具体的には低所得家庭の中高生に対する学費支援、特殊目的高校・特性化高校への奨学金、自律型私立高校（自私高）における社会的配慮者への学費支援等が挙げられる。政府は「低所得家庭の子女に対する教育費の支援を通じて、教育の公共性と教育福祉の向上を図るとともに、低所得家庭に対する持続的かつ効率的な支援を通じて教育機会の均等を実現すること」を目的として掲げている。ここで教育福祉という言葉が平等な教育機会の保障と同じ意味合いを持っていることが目を引くが、低所得家庭の子ども（個人）を対象としていることや、経済的な支援を通して平等な教育機会の保障を目指している点で、典型的な「個人の教育機会保障型」・「選別主義」として分類できる。

　その中でも「個人の教育機会保障型」の特徴がよく表れている取組みとして、特殊目的高校および自律型私立高校（自私高）における社会的配慮者への学費支援が挙げられる。特殊目的高校とは、芸術高校・科学高校・外国語高校といった英才教育が行われている高校であり、自律型私立高校は名門の私立高校に該当し、両者ともに韓国の「高校平準化政策」の例外的な存在としてエリートコースの高校ともいえる。両者については、韓国版アファーマティブアクションとして、低所得家庭や多文化家庭、ひとり親家庭等といった「社会的配慮者」を対象に、入試上の優遇措置が義務付けられているが、入学選考における優遇措置にとどまらず、奨学金制度を整備し、経済的な支援を通して実質的な教育機会の平等を図っている点は注目に値する。

　第2に、教育費特別会計による「情報化支援」とは、低所得家庭（小中高）に対して、パソコンの支給やインターネット通信費の支援を行う取組みである。2020年現在、日本においても、コロナ禍による教育格差の拡大が懸念され、地方自治体が児童生徒の学びの保障のために、パソコンやタブレットを無償支給するケースが増えている。一方、韓国では

「デジタル・デバイド（Digital divide）」とも呼ばれる情報格差の問題が注目されはじめた2000年に「情報化支援」が導入され、2012年までに173万人を対象に約5,291億ウォン（約529億円）が投入された[35]。政府は「社会・経済的な不平等の解消に向けて情報アクセスの環境を改善し、サイバー家庭学習やEBS修能（大学センター試験）の講義など、e-ラーニングシステムが活用できる教育環境を整えることで、低所得家庭に対する均等な教育機会の提供を目指す」ことを制度の趣旨としている。低所得家庭の子どもにターゲットを絞り、経済的な支援を通じて教育機会の保障を目指している点において、「個人の教育機会保障型」・「選別主義」に該当する。

　第3に、教育費特別会計による「農漁村学校における教育条件の改善」とは、へき地に対する教育環境の改善を図る取組みとして、優秀校の育成支援事業、田園学校や小規模学校の育成、寄宿学校の運営支援などが挙げられる。これらの取組みについて教育部は、例えば「農漁村の拠点別優秀学校」の導入に際して、「地理的・文化的な格差を解消し、都市地域に移らなくても良質の教育を受けることができるように、教育条件の整備を期待する」としながら、スマートパッドや無線インターネットなど、ICTインフラの拡充を通じて、音楽や美術、英語、進路体験等、多様な体験ができるような教育環境の改善を図っている[36]。へき地の学校に焦点を絞りながら、寄宿学校の設置等を通して個人に対する平等な教育機会の保障を重視している点において、「個人の教育機会保障型」・「選別主義」として分類できる。

---

35 教育部（2014）『小中高の教育情報化支援事業の成果分析および制度改善に関する研究』p.1《韓国語文献》。

36 韓国政府のホームページ「政府24(정부24)」より引用、「2014年農漁村の教育環境の改善に380億ウォン集中支援」（2014年3月6日、
https://www.gov.kr/portal/gvrnPolicy/view/155947432?policyType=G00301&srchTxt=%EB%86%8D%EC%96%B4%EC%B4%8C%20%EA%B5%90%EC%9C%A1%EB%B3%B5%EC%A7%80）（最終アクセス2020年3月18日）《韓国語文献》。

第4に、教育費特別会計による「教科書支援」とは、教科書の無償配布を指しており、義務教育（小中）の段階では全ての人を対象としている点で「普遍主義」、高校では低所得家庭や特殊教育（障害者）を対象としている点で「選別主義」として分類できる。このような選別主義の取組みについて、政府は「教科書の自由選択制や価格自由制度に伴う教科書価格の上昇に伴う保護者の教育費の負担を減らし、また低所得者層や特殊学校（障がい者）、「学力認定平生教育施設」の高校生を対象に教科書の購入費を助成することで、より実質的な教育機会の保障や教育福祉の実現を目指す」としている。個人に対する平等な教育機会の保障に注力している点において「個人の教育機会保障型」として分類できる。

　第5に、教育費特別会計による「放課後の教育支援」とは、第3章で取り上げる放課後学校に関するものであり、具体的な内容として、放課後学校の運営、週5日授業支援、低所得家庭の子どもに対する「自由受講券」が挙げられる。韓国では1995年以降、国の強力な支援のもと、放課後対策が本格的に進められるようになり、その流れの中で導入された放課後学校は公教育、私教育（学校外教育）と並ぶ「第3の教育機関」と言われるほどまで急拡大した。2018年度現在、放課後学校は全国の約99％の公立学校（小中高）で実施されており、「子どものニーズや要望を反映し、受益者負担または財政支援によって行われる正規の授業以外の教育とケアの活動として、学校の計画に基づき一定期間にわたって持続的に運営される学校の教育活動」と定義される[37]。

　実施内容をみると、学習関連や音楽・美術、体育等のプログラムが大半を占めており、また第3章第2節で明らかになるが、放課後学校の導入を積極的に進めた盧武鉉政権は、私教育費（学校外教育費）の低減による平等な教育機会の保障に主眼を置いていた。時間の経過とともに、ドルボム（ケア）という機能が強化されるようになるが、低廉な放課後プログラムを提供し、平等な教育機会の保障を重視している点では共通

37　教育部（2020）『2020放課後学校運営ガイドライン』p.7《韓国語文献》。

している。さらに、放課後学校には全ての子どもを対象とする普遍主義的なプログラムの中に、低所得家庭の子どもにターゲットを絞った教育バウチャー制度である「自由受講券」が設けられており、普遍主義と選別主義の両方の性格を有する。なお、2018年の実績をみると、「自由受講券」制度は、一人当たり年間約60万ウォン（約6万円）が支給されており、626,211人を対象に約3,377億ウォン（約337億円）が支払われている[38]。個人の教育機会の保障を重視しながら、すべての児童生徒を対象とする「普遍主義」の中に経済的に恵まれない人のためのバウチャー制度を設けている「選択主義」の特徴を併せ持っているといえる。

　第6に、教育費特別会計による「無償保育（ヌリ課程）」とは、全ての3~5歳児を対象に幼稚園の費用や保育料を支援する取組みとして、5歳の無償保育は2012年3月から、3~4歳児は2013年3月から導入された。もともと無償保育は、2011年までは所得下位70%を対象に行われた選別主義的な取組みであったが、2012年以降、大統領選挙の選挙公約により、全ての人を対象とする普遍主義的な取組みへと、その性格か変化した。「3~5歳の年齢別ヌリ課程（無償保育）は、満3~5歳児の心身の健康およびバランスの取れた発達を助け、民主市民の基礎を形成する」ことが目標として掲げられており、政策の導入には少子化対策や効果的な人材育成など、多様な要素が影響したと考えられている。

　その一方で、教育部は導入に際して、「就学前における幼児教育の無償化は、教育機会の平等および公正なスタートラインの保障という観点から、公教育の一環として実施される必要があり、これは就学前の全ての子どもが居住地域や家庭の経済力に左右されず、同じスタートラインに立てること、また良質な教育経験が公平に配分されることに繋がる。幼児教育の公教育化によって、政府が責任をもつ義務教育の期間が事実上10年となり、就学前の教育における平等の実現は大きな転機を迎

---

[38] 教育部ホームページより（https://www.moe.go.kr/boardCnts/view.do?boardID=316&lev=0&statusY-N=W&s=moe&m=0302&opType=N&boardSeq=78990）（最終アクセス2021年10月31日）《韓国語文献》。

えることとなった」と発表しており[39]、就学前における公平な教育機会の保障という観点から、同政策が進められたことがうかがえる。全ての子どもを対象に、人生初期における平等な教育機会の提供を重視している点において、「個人の教育機会保障型」・「普遍主義」として分類できる。

第7に、第4章で取り上げる教育福祉優先支援事業であるが、教育福祉優先支援事業は「学校が中心となって地域教育共同体を構築し、学習、文化、心理的・情動的サポート、保健など、生活全般に対する支援を通じて、教育上の不利な立場の克服を目指す取組み」と定義され、2019年現在、全国の実施学校は3,513校（対象者333,290名）、予算は1,391億ウォン（約139億円）となっている[40]。教育部が掲げる同事業の主な目標は、「教育的に不利な立場に置かれている子どものための統合的な支援網の構築」であり[41]、地方移譲（2011年）以降、地方によって異なる取組みが可能になったものの、教師との関係改善や家族支援、地域社会とのネットワークの構築、また「カスタマイズされた支援（맞춤형 지원）」という個々の状況に即した多様な支援プログラムの重視等は、全ての地方において共通してみられる。つまるところ、教育福祉優先支援事業は、教師や家族、地域社会との関係改善を通して社会的弱者の個々のニーズに立脚した多様な取組みを目指している点において、「社会関係資本醸成型」・「選別主義」として分類できる。

第8に、教育費特別会計による「無償給食」については、第2章第2節において具体的に検討するが、2010年の教育監の選挙によって導入された取組みである。当初は、選別的な無償給食によるステイグマ（stigma）の問題や欠食児童・学校給食費の未納者の増加等が取り上げられ[42]、学

39　韓国教育部の公式サイトより引用、「ヌリ課程、教育の出発点の平等に期待」（2014年10月15日、https://if-blog.tistory.com/4307）（最終アクセス2020年3月18日）《韓国語文献》。

40　キム・ソンスク他（2019）『2019年教育福祉優先支援事業の運営現況の調査結果』中央教育福祉研究支援センター、p.10《韓国語文献》。

41　韓国教育開発院（2017）『第6回KEDI未来教育政策フォーラム』pp.10-11《韓国語資料》。

42　韓国教育部公式サイトより引用、「農魚村拠点別優秀中学校30校へ新規支援」（2014年6月3日、

校活動への参加を促すことを主な目的として無償給食の導入が進められた。全ての人を対象とする点で「普遍主義」、また社会参加の促進を主たる目的としていた点では「社会関係資本醸成型」の政策として分類できる。

　なお、図表10は8つの事業の概略を類型化したものである。

図表10	教育費特別会計による8事業の概要[42]	

	個人の教育機会保障型	社会関係資本醸成型
普遍 主義	【無償保育】3〜5歳児を対象とする「ヌリ課程」への支援	【無償給食】学期中の給食代の支援、土日や祝日の昼食提供
普遍 ＋ 選別 主義	【教科書支援】義務教育対象者への無償配布や低所得者家庭の高校生への無償配布等 【放課後の教育支援】放課後学校の運営、週5日授業の支援、低所得者に対する「自由受講券」の配布等	
選別 主義	【情報化支援】通信費（インターネット）やパソコンの支給 【農漁村学校における教育条件の改善】農漁村学校の教育活性化支援、寄宿学校の支援 【学費支援】低所得者層の子どもへの学費支援、特性化高校に対する奨学金等	【教育福祉優先支援事業】

---

　https://if-blog.tistory.com/3800）、「疎外階層の子どもに対する均等な教育機会の保障」（2014年12月9日、https://if-blog.tistory.com/4503）（最終アクセス2020年6月6日）《韓国語文献》。

43　韓国教育開発院（2014）『教育投資の実態および効率化方案の研究』p.37《韓国語文献》。

予算分析から見えてくる教育福祉政策の変容

本項では韓国における教育福祉政策の方向性を明らかにするために、上記の教育費特別会計の8事業の予算に対する分析を行う。教育部による教育福祉予算は、2003年の2,370億ウォン（約237億円）から、2013年の3兆8,702億ウォン（約3,870億円）へと16倍以上も増加し、2015年現在、教育予算全体の18.3%を占めるまでに拡大した。こうした中で、地方分権化の影響を受け、国から地方へ多くの事業が移譲されるようになり、教育福祉の予算体系も一層複雑なものとなっている。

| 図表11 | 教育費特別会計における教育福祉事業の金額と内訳[44]（%） |

（単位：億ウォン）

	2010年	2011年	2012年	2013年	～	2018年
学費支援	8,253(28.6)	10,705(30.3)	8,770(17.9)	4,555(9.1)		6,470(9)
情報化支援	475(1.6)	628(1.7)	645(1.3)	618(1.2)		434(1)
農漁村学校における教育条件の改善	1,484(5.1)	773(2.2)	712(1.5)	1,107(2.2)		896(1)
無償保育（ヌリ課程）	5,395(18.7)	7,483(21)	18,521(37.8)	26,397(52.6)		39,262(56)
放課後の教育支援	4,825(16.7)	5,543(15.6)	8,956(18.3)	6,362(12.7)		6,150(9)
教科書支援	1,839(6.4)	2,602(7.3)	2,884(5.9)	3,075(6.1)		2,166(3)
教育福祉優先支援事業	1,515(5.2)	1,990(5.6)	1,882(3.8)	1,575(3.2)		1,344(2)
無償給食	5,112(17.7)	5,922(16.6)	6,659(13.6)	6,473(12.9)		13,500(19)
合計	28,898	35,641	49,029	50,162		70,256

---

44 「地方教育財政お知らせ（지방교육재정알리미）」というホームページより（https://www.eduinfo.go.kr/portal/main.do#contents、最終アクセス2020年5月31日）《韓国語文献》。

図表11および図表12は、教育行政の地方分権化が本格的に始まった2010年度以降の教育費特別会計の変遷を示しているものであるが、2018年現在、「個人の教育機会保障型」の政策は予算全体の79％を占めており、また無償保育や無償給食の拡大により、普遍主義の割合も36.4％（2010年、10,507億ウォン）から75％（2018年、52,762億ウォン）へと5倍近く増加していることがわかる。これをみると、韓国の教育福祉政策は「個人の教育機会保障型」政策を土台としつつも、2010年以降は、全ての人を対象とする無償保育や無償給食といった普遍主義の政策が拡大している実態が確認できる。しかしながら、このような普遍主義の拡大を北欧のような社会民主主義への変化として捉えるには、いくつかの難点が存在する。

図表12 類型毎の予算合計の変移[45]（数字は％）

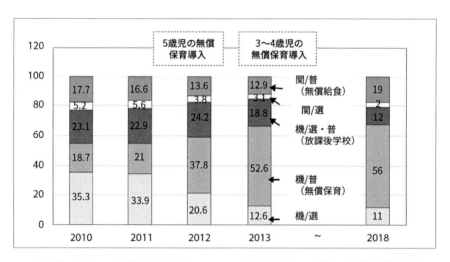

　まず、北欧の社会民主主義における教育制度は平等と社会連帯主義の理念のもと、教育に関する強い平等志向、無償教育、自律的で民主的な学校運営、生涯学習を通した柔軟な教育機会の保障等を特徴としている

---

45 政策目的について、「個人の教育機会保障型」は「機」、「社会関係資本醸成型」は「関」としており、また対象範囲についても、選別主義は「選」、普遍主義は「普」と記している。

が、そのような平等な教育制度は経済的な成長と分配に対する国民全体のコンセンサスによって成り立つものといえる。韓国の場合はそのような社会全体のあり方について、社会的な議論が十分に行われないまま、教育費の無償化を中心に教育福祉政策が進められてきた側面があり、特に無償給食は2009年からの教育監の選挙公約によって、無償保育は2012年からの大統領の選挙公約によって拡大された経緯がある。両者については「福祉ポピュリズム」という批判が存在し、さらに無償給食については、社会のあり方を左右する本質的な議論ではなく、「給食」という周辺的な取組みに過ぎないため、選挙時に利用されやすかったという指摘も存在する[46]。

次に、普遍主義政策の導入によって選別主義政策が予算の縮小傾向にあることが問題として指摘されている。例えば、図表11において、典型的な選別主義的な政策である教育福祉優先支援事業は、相対的な割合（5.2%→2%）だけではなく、全体的な予算額も年々減少（1,515億ウォン→1,343億ウォン）していることが分かる。これは近年北欧の社会民主主義の諸国においては、普遍主義を基調としながらも移民の子ども等により手厚い教育支援が強化されてしていることとは対照的といえる。

さらに、教育福祉の予算の内容を俯瞰すると、給食や保育料の支援が大半を占めており、教育福祉を単なる経済的な支援として捉える傾向が強いといえる。端的に言うならば、北欧の社会民主主義においては徹底した民主的平等という哲学のもとで普遍主義的な政策が進められてきたのに対し、韓国においては、そのような哲学的な模索が充分に行われず、選挙の影響も相まって普遍的な「教育福祉のサービス」の享受を教育福祉として捉える傾向が生じている。そもそも、無償給食の導入にあたっては、義務教育の無償化という経済的な側面だけではなく、選別主義的な取組みによるステイグマ（stigma）問題の解消という「社会関係資本醸成型」の側面も持ち合わせていたはずだった

---

[46] キム・ヨンスン（2012）「誰がどのような福祉国家を作るのか」『韓国社会政策学会共同学術大会資料集』pp.29-51《韓国語文献》。

が、そのような社会的弱者へのケアや配慮は、選挙という政治的な出来事を経ることで、いつの間にか、教育福祉が全ての人が享受できる経済的な権利にすり替えられ、次節でも確認するが、2018年の教育監の選挙においては、多数の候補者が全ての人を対象とする制服代や修学旅行費などの経済的な支援までを教育福祉の選挙公約として掲げている事態が生じている。

このような普遍主義的な教育福祉政策の功罪については、2013年から所得と関係なく全ての乳幼児を対象に導入された無償保育が、富裕層（上位20%）の教育投資を一段と可能とし、その結果、乳幼児の教育格差がより一層拡大したという調査結果[47]もあるように、選挙によって拡大された普遍主義的な教育福祉政策が平等や公平性の観点から、実際にいかなる効果があるのか、今後具体的に検証していく必要がある。

第4節　小括

本章では、韓国における教育福祉政策を捉える視点として、個人の教育機会の保障を重視する「個人の教育機会保障型」と、関係性の構築や社会参加の促進等を重視する「社会関係資本醸成型」の二つに類型化に基づき、韓国の教育福祉政策がもつ多様な側面を描くことを試みた。まず、中央政府によって進められてきた韓国の教育福祉政策は、福祉行政よりも教育行政（教育部）の主導の下で行われる事業が主流を占めている実態を明らかにした。さらに、韓国の教育福祉政策の中心的な位置を占める教育費特別会計による事業内容（8つ）を検討し、政策目的および対象範囲による類型化を行い、類型毎の予算の変遷を検討することで、

47　『朝鮮日報』2018年3月18日付《韓国語文献》。

中央政府・地方政府レベルにおける政策の方向性を可視化することを試みた。これらの内容を踏まえ、韓国の教育福祉政策の政策レベルにおける特徴をまとめると、以下の通りである。

第一に、韓国の中央政府（教育部）における教育福祉政策は、スタートラインにおける平等、すなわち教育機会への平等なアクセスが最も重視され、結果としての実質的な平等の達成までは求められていないことが指摘できる。教育費特別会計による事業においても、政府は無償保育や情報化支援、学費支援、農漁村学校への支援等の導入目的について、「均等な教育機会の提供」や「公正なスタートラインの保障」と説明しており、社会移動が公正に行われるルール作りに最も力を入れてきたことが分かる。先述の有田の指摘の通り、韓国政府による教育政策の改革には「教育機会の分配方式に手を加えることで、社会における分配の問題の解決を試みる」という強い意図が含まれる場合が多かったとされるが[48]、格差是正策として始まった教育福祉政策においても形式的な教育機会の平等に重点か置かれている傾向が見受けられる。韓国の教育福祉政策はどちらかといえば、不平等をつくり出す社会構造の変革への挑戦というよりも、平等な教育機会の提供によって不平等を緩和しようとする試みとしての意義が大きいといえる。また、このように教育制度における社会移動の開放性を重視する傾向は、自由主義レジームの特徴でもある[49]。

韓国は歴史的なコンテキストから見ると、朝鮮戦争（1950〜53年）によって従来の支配階層の物的基盤がなくなり、伝統社会の政治体制が完全に解体されたとされる。それ以降、社会の選抜機能として最も重要となったのは学力であり、学力の獲得は貧困からの脱却のための有効な手段、言いかえれば教育は社会経済的地位を左右する有力な社会移動の手段ないし機会として捉えられるようになった。社会経済的な条件と関

48　有田伸（2006）『韓国の教育と社会階層』東京大学出版社、pp.293。

49　ハム・スンハン（2014）「福祉国家の類型と教育福祉の制度的モデル」『多文化教育研究』Vol.7、No.3、pp.135-151《韓国語文献》。

係なく、誰もが個人の能力によって社会移動が可能であるということは、多くの国民にも受け入れられやすく、このような「能力主義（meritocracy）」的な考え方は、社会全体に急速に浸透していったといえる。その結果、2015年現在、韓国の25〜34歳の高等教育履修率は69％まで達し、OECD加盟国の平均値を大きく上回っている。その一方で、1990年代後半以降は、所得や地位獲得に対する学校教育の影響は年々減少しており、教育を通じた地位達成の可能性、すなわち親の階層的地位がそのまま子どもの地位獲得に繋がる傾向が強まってきている[50]。このような情勢のもと、文在寅政権は「教育の（階層）はしごの復元」というスローガンを掲げ、奨学金制度の整備を含め、低所得家庭により手厚い支援を行うなど、社会移動の開放性の維持・促進に力を入れているが、そこには階層間に存在する格差の根本的な是正という視点は乏しい。

　第二に、教育福祉に関する概念の合意形成が図られていないことから、実施内容や実施主体等に混乱が生じている実態が指摘できる。序章でも述べているが、韓国における教育福祉の概念には、教育学だけではなく、社会福祉学の価値や原理、方法も混在している。しかしながら、このように教育福祉という概念定義が不明瞭な状況では、教育関係者（教師や学校管理職）と教育福祉の専門家（教育福祉士）の間で教育福祉の目的をどう捉えるのか、つまり、学力格差の解消なのか、それとも自己効力感や学校適応力といった情動的な効果なのかという異なる視点に立っていることがしばしば課題として指摘されている[51]。

　ここで少し日本の事情に目を向けると、1990年代後半以降、日韓両国ともに子どもの貧困問題が顕在化するなかで、日本でも、たとえば「教育とは人生前半の社会保障である」といった広井[52]の言葉のように、公教

50 キム・ジョンウォン（2017）「今、階層移動のはしごとしての教育フレームを廃棄すべき」『教育批評』(40)、pp.218-243《韓国語文献》。

51 ユ・ドンホアン、キム・ミン（2018）「教育福祉優先支援事業に対する担当教師と教育福祉士の役割に関する認識の違いに関する質的研究」『青少年学研究』Vol.25、No.1、pp.57-86《韓国語文献》。

52 広井良典（2006）『持続可能な福祉社会』筑摩書房。

育を生活保障・生存保障の視点から意味づけ直そうとする議論が注目を集めてきた[53]。その中で、貧困概念を拡張し、生活・生存保障に対して教育が果たすべき役割をより積極的に模索する研究[54]など、教育福祉を社会教育からのアプローチではなく、「生活保障という広大なプロジェクトのなかで、主に学齢期の子どもの生活や教育上の問題を守備範囲とする一ブランチとしてとして捉える」[55]動きも現れた。また、政策レベルにおいても、中央政府のみならず、地方自治体も教育福祉の取組みに積極的に加わることになり、どちらかといえば、選別主義的な取組みが主となっている現状がある。一方で、韓国の場合は、平等な教育機会の保障に力点が置かれ、中央の教育行政（教育庁）が中心となって政策を進めてきた経緯があり、情報化（ICT）支援や無償保育、放課後学校等、教育機会への平等なアクセスを重視する政策が最も多いといえる[56]。

　しかしながら、韓国では教育福祉政策の導入に際して、公的な福祉制度が十分に整備されていなかったこともあり、実態としては、新たに配置された教育福祉の専門家（教育福祉士）が中心となって、学校の中におけるスクールソーシャルワークも教育福祉の名の下で実施されている現状がある。教育福祉の専門家による実践については、第4章で詳しく検討するが、教育福祉の概念の曖昧さが原因となって、学校現場における教育福祉の取組みは、学校管理職や教師の判断または教育福祉士の個人的な考え方に基づき、異なる取組みが実施される傾向がみられる[57]。

　第三に、近年、政策レベルにおける韓国の教育福祉政策においては、

---

[53] 酒井朗（2015）「教育における排除と包摂」『教育社会学研究』第96集、pp.5-23。

[54] 馬上美知（2006）「ケイパビリティ・アプローチの可能性と課題：格差問題への新たな視点の検討として」『教育学研究』73(4)、pp. 420-430。ハヤシザキカズヒコ（2015）「米英のコミュニティ・スクールと社会的包摂の可能性」『教育社会学研究』96集、pp.153-174。

[55] 倉石一郎（2015）「生活・生存保障と教育をむすぶもの／へだてるもの—教育福祉のチャレンジ—」『教育学研究』82 (4)、p.54。

[56] イム・ヒョンジョン、ジョン・ヨンモ、ソン・ジフン（2018）「韓国と日本の脆弱階層の児童支援のための教育福祉政策比較」『日本學報』Vol.0、No.116、pp.289-308《韓国語文献》。

[57] キム・ユリ（2017）『希望の教室の運営の効果分析および改善の方案』ソウル特別市教育庁教育情報研究院《韓国語文献》。

教育福祉を経済的な分配の問題として焦点化する傾向が強いといえる。これには大統領・教育監の選挙が大きく影響しており、選挙公約を通じて無償教育や無償給食等、普遍主義の教育福祉政策が国民の経済的な権利として推進される土壌が整えられてきた。しかし、普遍主義的な政策の増加によって、社会的・経済的な弱者に充てられる予算が年々減少している問題だけではなく、経済的な分配の公正が重視されることで、個々の子どもの成長支援に繋がるような「質」的な側面が十分に議論されているとは言い難い。そもそも教育福祉の取組みには個人の固有性に応じた対応を強化していくことが肝要と思われるが、これを達成するための実践については、第4章で教育福祉優先支援事業の内実を問うことで明らかにしたい。

　以上より、本章では韓国における教育福祉政策の実態として、教育福祉に関する概念の合意が得られていない中、学校を基盤として行われる教育行政（教育部）の事業が予算規模や参加者数からすると主流を占めていること、また教育費特別会計による8事業の内容から、政策レベルにおいては、個人の教育機会の保障を重視する「個人の教育機会保障型」の特徴が強く現れており、近年は無償保育や無償給食など、普遍主義的な政策が拡大している実態を明らかにした。次章では、その背景となった大統領（中央政府）および教育監（地方教育行政）という政治的アクターに焦点を当てて検討を行う。

第2章

各政権および地方教育行政における教育福祉政策の展開

前章では、教育福祉政策の全体的な実施状況を検討し、韓国の政策レベルにおいては「個人の教育機会保障型」の政策が中心となっていること、また2010年以降は普遍主義の政策が拡大していることを描出した。本章では、教育福祉政策が各政権（中央政府）および地方政府において、いかなるものを志向し、どのような内容で進められてきたかを総合的・多面的に検討する。とりわけ、教育福祉政策の形成・拡大に大きな影響を与えてきた大統領と教育監[1]というアクターに焦点をあて、彼らの思惑はどこにあったかを選挙公約や政策大綱等を通じて検証する。

　韓国ではここ20年間、教育福祉関連の予算が教育部予算の約18％（2015年）を占めるまでに拡大し、教育福祉に関する議論は最も重要な政治・政策イシューの一つとなった。特に、教育福祉に関する見方は、大統領選挙や地方選挙において「保守」と「進歩」を見分けるバロメーターの一つとされてきたが、このように政治的アリーナにおいて教育福祉政策が政策議論の俎上に載せられた原因の一つには、教育福祉の概念の複雑さがある。すなわち、教育福祉政策には国家と市場の関係、またそれを支える階層間の利害関係等が複雑に絡み合っており、その範囲（内包と外延）が極めて複雑かつ流動的であるため、政治的な議論の対象となりやすい[2]。これに加え、韓国では1997年のアジア通貨危機以降、経済・教育格差や地域間格差が急速に拡大しており、格差解消に向けた対策が喫緊の課題となっていた。

　本章で選挙公約に着目したのは、選挙公約は一般的に国民に対する約束として候補者の政治哲学や国政全般にわたる基本方針等がよく表れており、アクターの政策の志向性を判断する材料として有効と考えたからである。もちろん、選挙公約は多様なバックグラウンドを持つ人たちに受け容れやすいよう意図的に曖昧に書かれることもあり、選挙「公約」が選挙「空約」になることも往々にしてある。しかし、近年の韓国

1　日本の教育委員会長にあたる。
2　キム・ヨンイル（2012）「教育福祉の実現のための教育改革課題の道出に関する試論」『教育政治学研究』Vol.19、No.4、pp.35-59《韓国語文献》。

の教育福祉政策に限っていえば、無償給食や無償保育など、現在実施されている主な教育福祉政策は選挙公約が実現されたものであり、特に大統領選挙の選挙公約は当選後、大きな変化なくそのまま国の政策（国政課題）として取り入れられることが多い。中央選挙管理局によると、実際に2012年の大統領選挙においては、有権者の約50％が投票の際に、選挙公約の内容を最優先していると答えており、選挙公約は単なる宣言的な意味だけではなく、政策の実践においても重要な役割を果たすようになってきている[3]。さらに、近年はマニュフェスト運動が盛んになっており、中央選挙管理委員会によって選挙公約の内容が国民に広く周知されたり、韓国政策学会が選挙公約の妥当性を評価できる評価指数（SMART－PLUS）を開発するなど、年々選挙公約の重要性が増している。

第1節　各政権（中央政府）における教育福祉政策の特徴

　　本節では中央集権的な政治構造を持つ韓国において、各政権が目指してきた教育福祉政策には、どのような共通点・相違点があったかに焦点を当てる。韓国において教育福祉という用語が初めて政策概念として登場したのは1990年代後半であったが、中央政府の主導で推進された教育福祉政策は、2010年以降、教育行政における地方分権化の進展によって、実施主体が中央政府から地方政府へ移されることになった。それ以降、中央政府は多くの財源が必要な場合や、特定の集団をターゲットに事業を行う場合を中心に教育福祉政策に関わっている。本節では、中央政府における教育福祉政策の変遷について、教育福祉政策の萌芽期ともいえ

3　イ・ユンジン（2017）「大統領選挙における保育政策の公約内容の分析」『GEI研究論総』
　　Vol.19、No.2、pp.233-252《韓国語文献》。

る金泳三（キム・ヨンサム）・金大中（キム・デジュン）政権（1993.2〜2003.2）の政策を概観した後、教育福祉政策が本格的に推進されるようになった盧武鉉政権（ノ・ムヒョン、2003.3〜2008.2）をはじめ、李明博政権（イ・ミョンバク、2008.3〜2013.2）、朴槿恵政権（パク・クンヘ、2013.2〜2017.3）、文在寅政権（ムン・ジェイン、2017.6〜現在）における選挙公約の分析を行う。具体的には2003年から2017年までの大統領選挙の選挙公約（当選者のみ）の内容を通時的に概観したうえで、そのような選挙公約が実際に「基本計画」（日本の政策大綱のようなもの）等にどのように反映され、実施されたかを確認する。なお、分析に当たっては、以下の資料を用いる。

- 盧武鉉大統領：選挙公約の教育部門（行政安全部の国家記録院、大統領記録館の資料）2002年
- 李明博大統領：ハンナラ党の選挙公約集『一流国家、希望の共同体、大韓民国』2007年（pp.146-164）
- 朴槿恵大統領：セヌリ党政策公約『世界を変える変化、責任のある変化』2012年（pp.218-272）
- 文在寅大統領: 共に民衆党の政策公約集『国を国らしく』2017年（pp.205-221）

　一般的に盧武鉉・文在寅大統領は平等や社会的矛盾の克服を重視する「進歩」派として、李明博・朴槿恵大統領は新自由主義的な理念のもと、競争力や卓越性の向上を重視する「保守」派として分類されるが、本節ではこのように異なる政治理念を持つ大統領が目指した教育福祉政策の共通点・相違点に注目する。前述の通り、韓国では未だに教育福祉に対する一貫した概念合意が得られていない現状があるが、これは教育福祉に関する議論が学術的な場よりも政策論争を伴うものであったこと

と深く関係している[4]。その点、韓国の教育福祉政策の特質を考察するうえで政治環境の変化、特に政権交代が教育福祉政策に与えた影響を踏まえる必要がある。そこで、本書では各政権が進めた教育政策の特徴や傾向を概観しながら、政策理念がよく表れる選挙公約の内容を取り上げる。また、本節は1990年代後半以降の各政権における教育福祉政策の内容を比較し、韓国の教育福祉政策の特質を探る研究と密接に関連しているが、主な先行研究として以下の三つを挙げることができる。

第一に、公的文書を通じて各政権の政策傾向を比較したキム・ユンジンらの研究[5]である。この研究では、教育白書や「業務計画」という政府文書を用いて、単語の使用頻度と単語間の関連性をネットワークテキスト分析という手法を使って分析し、金泳三政権（1993）から朴槿恵政権までの教育福祉政策の内容について比較を行った。分析の結果、拡大や支援、強化、運営、新設等という言葉が多く使われていたことや、時代のニーズに応じた新たな取組みが追加されてきたことが確認される一方で、教育福祉に対する明確な基準や概念定義が存在しないことから、各政権が目指した教育福祉政策には一貫性が欠けていることが浮き彫りとなった。すなわち、政権によって教育福祉政策が恣意的に解釈され、拡大または縮小されており、教育福祉政策の目的は本質的に「漂流」し、その底流には「ポピュリズム」があったと結論付けている。

第二に、金大中政権から朴槿恵政権まで教育福祉という言葉の概念がいかに変化したかをマスコミの記事や社説の分析（semantic network analysis）を通じて明らかにしたイ・ジヘらの研究[6]（2017）がある。この

---

4 オム・ムンヨン、キム・ミンヒ、オ・ボムホ、イ・ソンホ、キム・ヘジャ（2015）「教育福祉投資の方向の再設定のための探索的な研究」『教育財政經濟研究』Vol.24、No.3、pp.39-64《韓国語文献》。

5 キム・ユンジン、コ・トクウァン、オム・ヨンヨン（2015）「教育福祉政策の傾向に対するネットワークテキスト分析」『教育問題研究』pp.132-170《韓国語文献》。

6 イ・ジヘ、イ・キョンミン、ホ・ジュン（2017）「政治変動による教育福祉イシュー構造の変化：国民の政府以降の新聞記事に対する意味連結網の分析」『教育政治学研究』pp.213-240《韓国語文献》。

研究では、教育福祉に関するマスコミの記事が時間の経過とともに量的に増加したことや、政権によって教育福祉という言葉は固有の意味を持っており、教育福祉政策の位置づけも変化してきたことを明らかにしている。例えば、金大中・盧武鉉政権までは中央政府が主導的な役割を果たしており、「政策イシュー」が主流であったのに対して、李明博政権以降は選挙の争点として教育福祉政策が浮上し「政治イシュー」へと変化し、さらに教育福祉政策の実施主体が国（中央政府）から地方教育行政へ移譲されたことで、地方教育行政のプレゼンスが高まったことを確認している。また、盧武鉉政権では教育福祉政策を学校教育だけに留めず、生涯教育等も含め外延的に拡大する方向にあったのに対して、朴槿恵政権に入ると、「教育」と「福祉」の連携に進展は見られるものの、教育福祉政策は基本的に学校教育における取組みとして捉えられ、その射程範囲が縮小したことを指摘している。

　第三に、教育福祉政策の変動を政権交代の観点から検証したキム・ミンヒ[7]の研究が挙げられる。この研究は、教育福祉政策の急速な拡大と普遍主義政策の浸透には社会イデオロギーの変化が密接に関連しており、すべての政権において格差問題に関する共通の認識があり、政策対象を細分化・拡大してきたことを指摘している。さらに、教育福祉政策は政治からの影響を大きく受けながら、大統領や教育監、教育福祉士や学会といったアクターの多様化をもたらし、予算の拡大や法律・行政組織の整備などを通して政策が進められてきたことを明らかにしている。

　これらの先行研究では教育福祉政策の歴史的な展開を概観し、各政権における政策の一貫性が欠けていることや、教育福祉政策が「政策イシュー」から「政治イシュー」へと、その性格が変わってきたことを把握するうえで貴重な研究成果を示している。しかしながら、各政権を貫く教育福祉政策の政策理念の抽出までには至っておらず、また教育福祉に関わるキーワードの量的分析を用いているため、政策の政治的・歴史的・社

7　キム・ミンヒ（2018）「政権交代による教育福祉政策変動の分析」『教育政治学研究』Vol.25、No.3、pp.129-158《韓国語文献》。

会的なコンテキストが十分に考察されているとは言い難い。

　一方、日本において韓国の教育福祉政策を扱っている先行研究として、官民共同の先進的な教育福祉の取組みを紹介した李の研究[8]等が存在する。しかしながら、マクロな政策・制度レベルの分析ではなく、主にボトムアップな事例紹介に焦点を当てている点、また学校を基盤として学校の正規活動に取り込まれた「制度化された」教育福祉の取組みを扱うのではなく、民間の地域活動を中心とした「地域づくり」や「地域教育ネットワーク」の構築の観点から韓国の教育福祉政策を捉えている点が本書との大きな違いである。この他にも、教育福祉士・平生教育士（日本の社会教育士）等の役割やソウル市の「教育福祉センター」の実践を取り上げた李の研究[9]もあるが、学校における変化までは描けていない点が本書との根本的な相違点といえる。

　本書では、韓国における教育福祉政策について、政策の萌芽期（1995～2002年）、中央政府主導の政策拡大期（2003～2008年）、地方分権化による変化期（2009～2015年）、現場における「反省的実践期」（2016年～現在）という四つの時期に大きく分けられると考える。本節ではその流れに沿って、各政権が教育福祉政策を通じて目指したものを探るために選挙という政治的な要素に注目し、選挙公約や政策大綱の1次資料を用いて、韓国の教育福祉政策の量的な拡大・質的な変化の様相を描くことにする。これまで韓国の教育福祉政策に関する研究は、政策内容（what）や実施方法（how）に関するものが多数を占めており、政策の導入や拡大の理由（why）を省察的に振り返り、政策のあり方を問う研究は少なかったといえよう。その実態に鑑み、本節では、韓国における教育福祉政策の歴史的な展開を踏まえつつ、政策目的および対象範囲の観点から、1990年代後半以降の教育福祉政策の内実を問うことにしたい。

8　李正連（2017）「教育地域ネットワークが紡ぎ出す教育福祉」梁炳贊編『躍動する韓国の社会教育・生涯教育』エイデル研究所、pp.84-97《韓国語文献》。

9　李正連（2015）「韓国における教育福祉と生涯教育」『社会教育福祉の諸相と課題』大学教育出版。

(1) 5・31教育改革から「生産的福祉」へ（金泳三・金大中政権1995.5〜2003.2）

　韓国において教育福祉という言葉が初めて政策用語として登場したのは、1995年、金泳三政権（通称「文民政府」）が打ち出した「5・31教育改革」であり、その中で「誰もが、いつでも、どこでも自分が希望する教育を受けることができるように、開かれた教育システムを構築し、すべての国民が最大限に自己実現できることを目指す」として、「教育福祉国家（Edutopia）」の建設が提唱された。「5・31教育改革」は、金泳三政権の大統領諮問機関であった「教育改革委員会」によって推進された教育改革案として、典型的な新自由主義の教育改革として評価されており、「自分が希望する教育を受けることができるように」というフレーズからも分かるように、個人の選択や多様性を重視する新自由主義的な側面が教育福祉政策の導入の背景にあった。そもそも「5・31教育改革」は、これまでの画一的・供給者中心で規制の強かった教育制度を需要者の視点に立ち、より自律的・民主的なものに変えていくことをうたうものであったが、実際のところ、競争力の強化や卓越性の向上に重きが置かれ、教育を共存や連帯、共同性の観点から捉える視点は弱かったといえる。

　加えて、このような新自由主義的な「5・31教育改革」の理念は、金泳三・盧武鉉政権において教育長官を歴任したアン・ビョンヨン（安秉永）も指摘しているように[10]、韓国のマクロなレベルにおける教育政策の流れを大きく変え、「進歩」派の金大中・盧武鉉政権においてさえも政策の基調となった。「5・31教育改革」のもと、教育人的資源部（現「教育部」）は1997年に「教育福祉総合対策」という政策大綱を発表し、教育福祉政策に乗り出したが、その内容は選別主義の要素が強く、1998年の教育部が出している主要業務計画をみると、「教育福祉の向上のために

10　アン・ビョンヨン（2010）「韓国教育政策の卓越性と公平性のバランスのために」『社會科學論集』Vol.41、No.2、pp.1-13《韓国語文献》。

幼児教育および特殊教育（障がい者教育）における教育機会の拡大や、学業中断者のための特性化高校の設立、農漁村地域や女性、在外同胞に対する国家からの支援を強化する」と述べながら、対象者を限定している。この背景には1997年のアジア通貨危機による急速な経済格差の拡大や貧困の連鎖があり、社会的・経済的な弱者に対する手厚い支援が必要という社会的コンセンサスは十分に得られていた。元をたどれば、この時期に社会的・経済的な弱者に対する教育機会の提供や質の高い教育へのアクセスを保障することで貧困の連鎖を防ぐことを目的とした選別主義的な取組みが韓国の教育福祉政策の始まりであったといえよう。

　続いて、金大中政権（通称「国民の政府」）に入ると、教育福祉政策に関するより具体的な議論が始まり、これまでの選別主義的な取組みに加えて、満5歳児を対象とする無償教育の導入など、普遍主義的な政策も推進されるようになった。もともと金大中政権の下では、教育福祉政策に限らず、福祉制度全般に関する整備が急速に進められており、それを支えた政策理念として「生産的福祉」という言葉が掲げられていた。ここでいう「生産的福祉」とは、「勤労連携福祉（workfare）」や「勤労のための福祉（welfare for work）」と類似の概念として、その理論の基礎となったのは、当時イギリスで進められていた「第三の道」であった。

　端的にいえば、「第三の道」とは、新自由主義の経済的な効率と、社会民主主義の社会的な公平のバランスを重視し、人的資本に対する積極的な投資による「雇用可能性（employability）」の向上を目指す政策を指すが、金大中大統領が率いる「進歩」派においても、市場経済と社会的平等を調和させることを目指し、一方的な福祉的支援ではなく、人的投資を通して社会的生産性の向上を目指す「第三の道」を韓国の目指す方向性として打ち出した。教育や訓練を重視する「生産的福祉」の理念は教育福祉政策にも影響を与え、金大中政権の下では、低所得者層への教育費支援や満5歳児の無償保育の拡大など、平等な教育機会の提供に重点が置かれるようになった。しかし、予算や事業内容からすると、教育福祉政策が本格的に推進されたのは盧武鉉政権からであり、この時期はま

だ萌芽期として位置づけられる。

(2) 格差社会の到来と選別主義的な教育福祉政策の推進（盧武鉉政権2003.3〜2008.2）

　盧武鉉政権（通称「参与政府」）においては「公教育の正常化」が教育政策の目標と示され、自律性と多様性を高めることで公教育の質向上を目指した。具体的には「公教育の正常化による私教育費軽減対策」や放課後学校の拡大、「教育行政情報システム（NEIS）」の導入、「高校平準化」政策の補完策としての科学高校・外国語高校の拡大等が進められた。また、2000年代に入ると、経済・教育格差や地域間格差の拡大がしばしば社会問題としてクローズアップされるようになり、そのような問題意識は選挙公約にもよく表れるようになった。

　図表13は盧武鉉（ノ・ムヒョン）大統領が2002年に打ち出した教育関連の選挙公約の一部であるが、その中で教育福祉を通じた格差是正の決意がうかがえる。

| 図表13 | 盧武鉉大統領の教育関連の選挙公約 |

公約	概要
〔公約12〕 私教育費の負担軽減	・教科書内容の充実、インターネットによる学習環境の整備、入試改革や学歴社会の弊害の是正、私教育費の削減 ・学業が不振な個々の生徒に対する基礎学力の保障
〔公約20〕 教育福祉の拡大 （教育不平等の改善）	・農村、漁村への支援、教育投資優先地域（Education Zone）の設定 ・体験学習費や無償給食等を通した義務教育の完全な無償化、低所得者層への教育費支援の拡大 ・「（仮称）大学生学資ローン債権流動化基金」を助成し、低所得者層にも高等教育の機会を拡大 ・校内暴力の予防

〔公約21〕 幼児教育の公教育化	・「幼児教育法」を制定し、就学前の幼児教育を公教育システムの中に取り込む（満5歳児の無償保育実現）
〔公約22〕 特殊教育 （障がい者教育）の拡大	・統合教育を維持・拡大し、幼児教育から高校教育までの特殊教育を段階的に無償化 ・特殊教育施設の拡充や、担当教員の待遇改善
〔公約23〕 学校保健教育の強化および 学校給食の充実化	・保健教師の配置を拡大 ・学校給食の質向上、「学校給食法」の制定を通した国内産食材の義務化や無償給食の拡大

　図表13において最も注目すべきは、盧武鉉大統領は教育福祉を低所得者層や障害者等、社会的・経済的に不利な立場に置かれている人のための教育機会の保障として考えていた点である。また、貧困地域や農漁村（へき地）への支援について言及はしているものの、主な教育福祉の対象として個人を想定しており、実施内容も保育料や教育費の支援、奨学金といった経済的な支援が中心となっていることが分かる。つまるところ、盧武鉉大統領が打ち出していた教育福祉関連の選挙公約は、対象者を限定し、奨学金制度の拡充等を通して個人に対する平等な教育機会の保障を重視しており、その点、「個人の教育機会保障型」・「選別主義」として分類できる。加えて、盧武鉉大統領は前任者の金大中大統領と同じく、成長よりも分配の側面を重視する、いわゆる「進歩」派の大統領と言われているが、第3章第2節で検討する通り、個人的にも社会的に恵まれない人のための教育機会の確保に強い関心を寄せながら、放課後学校の形成・拡大に対して、きわめて大きな影響を及ぼした。

　また、このような選挙公約が実際にどのように実現されたかを2004年10月に発表された『教育福祉総合計画』（政策大綱に該当）の内容をみると、5歳児の無償教育の拡大や特殊教育の強化、低所得者層への教育費支援、教育福祉投資優先支援地域支援事業の改善・拡大、農漁村地域の教育環境の改善等、選挙公約の内容がそのまま盛り込まれていることがわかる。この「教育福祉総合計画」では、国民の基礎教育水準の保障、教育の不適応・不平等の解消、福祉に適した教育環境の醸成という三つ

が政策目標として掲げられていたが、特に低所得者層等の社会的弱者に向けた政策が目立つ。なお、選挙公約に掲げていなかった主要な教育福祉政策として、3〜4歳児を対象とした保育料の軽減や中学校の無償教育の拡大が挙げられるが[11]、両者ともに個人に対する経済的な支援という点では共通している。

(3) 新自由主義政権の下での教育福祉政策の拡大（李明博政権 2008.3〜2013.2）

　先述の通り、韓国では1995年の「5・31教育改革」以降、「自律性」や「多様性」、「選択」等を重視する新自由主義な政策理念が様々な教育政策にも大きな影響を与えてきたが、そのような新自由主義的な側面が最も顕著に現れたのが李明博（イ・ミョンバク）政権であった。李明博政権では、競争原理のもと、「学校自律化」や「高校多様化」政策など、新自由主義の教育政策が次々と学校現場に導入され、また「小さい政府」の実現を目指して、多くの教育政策の事業主体が中央政府から地方教育行政に移譲されることで地方間格差の拡大をもたらしたとされる。

　その一方で、李明博政権は10年ぶりの「保守」政権でありながらも、社会的リスクの予防と解決のために国の責任を強化し、国民の「再起と自立」を重視する「能動的福祉」[12]というスローガンの下、福祉政策全般については前政権が推進していた拡大路線を維持し、教育福祉政策についても盧武鉉政権が導入した多くの政策を定着させ、事業を本格化させた[13]。

11　教育人的資源部の報道資料（2004年10月19日）《韓国語文献》。

12　金信慧（2016）「韓国の高齢者自殺にみる福祉的背景とその対応策の検討」『コミュニティ福祉学研究科紀要』(14)pp.17-18。

13　チェ・ビョンホ（2014）「我が国の福祉政策の変遷と課題」『国会予算政策署予算政策研究』Vol.3、No.1、pp.89-129《韓国語文献》。

図表14は2007年12月に行われた大統領選挙において、李明博大統領が打ち出した教育関連の選挙公約であるが、国家競争力の向上に資する人材の育成と私教育費の軽減の観点から、公教育の質の向上や奨学金制度の拡充を重視していたことがうかがえる。李明博大統領は10大選挙公約の中、2番目に「公教育は2倍、私教育費は半減」というスローガンを掲げており、図表14からも明らかなように、奨学金制度の拡充という経済的支援に主眼を置いていた。とりわけ、寄宿型公立高校（150個）やマイスター高校（50個）、自律型私立高校（100個）といった新しい形の高校の設置に際しても、奨学金制度の整備を行っており、「高校多様化」政策という新自由主義的な教育改革を進める上でも、公平性の確保に配慮していたことが確認できる。この点、盧武鉉政権と同様に李明博政権においても、個人に対する平等な教育機会の保障が最も重視されていたといえよう。

図表14　李明博大統領の教育関連の選挙公約（2007年）

教育に関する基本的な方向性について	「教育を通じて、夢と希望、喜びを実現します。お金がなくて学べない人がないように教育安全網を構築し、公教育の質向上を図り、私教育費を半分に減らします。世界一流の大学を作り、年齢と関係なく、いつでも学び直せる生涯学習システムを構築します」
○国家奨学金制度の構築	・自律型私立学校に対する低所得者層等への奨学金の支給 ・寄宿型公立学校およびマイスター高校への奨学金制度 ・一般学校における低所得者層への奨学金制度 ・低所得者層の大学生への勤労奨学金制度の拡大 ・大学ローン制度の改革 ・大学寄付金による校内奨学金の拡大 ・低所得者層に対する平生教育（生涯教育）の拡充
○大学入試制度における3段階自律化	
○公教育における英語教育の充実化	

○基礎学力の保障および 人格教育の実施	・基礎学力の保障のため、学業達成度評価制度の導入 ・各学校の成績情報を開示 ・いじめや校内暴力をなくすための教育を実施 ・国立大学の段階的な法人化
○大学の競争力の向上	
○平生（生涯）学習の推進	

　加えて、李明博政権では教育福祉の対象範囲について低所得者層に限定せず、多文化家庭等にもその範囲を広げており、また2012年にはすべての5歳児を対象とする無償保育を導入するなど、選別主義から普遍主義への変化が見られる。但し、この時期の普遍主義への進展は、第2章第2節でも検討するが、中央政府レベルだけではなく、地方教育行政においても無償給食を進める「進歩」教育監らによって積極的に推進されていた。

　なお、選挙公約からは、李明博政権が後に発表した政策大綱『教育福祉対策』（2008年12月）において、中学校の無償教育、低所得者層の高校生に対する学費支援、低所得者層やへき地の子どもへの給食費支援、低所得者層の大学生への学資ローン支援、低所得者層の「自由受講券」制度の拡大、農山漁村の子どもの教育格差の緩和（寄宿舎型の公立高校150校の選定等）等が織り込まれていた。これらは全て個人に対する経済的な支援を通じて、平等な教育機会の保障を目指す「個人の教育機会保障型」として分類できる。

(4) 「保守」政権による普遍主義的政策の進展（朴槿恵政権 2013.2〜2017.3）

　朴槿恵大統領は李明博大統領と同様に「保守」派として分類されるが、当選後は新たな政策大綱を発表することなく、選挙公約をそのまま用いて教育福祉政策を進めた。この時期になると、教育福祉政策に関す

る国民の関心が高まり、実際に2012年の大統領選挙時に朴槿恵前大統領が掲げた教育政策関連の公約のうち、約83％が教育福祉に関するものであったとされる[14]。朴槿恵大統領は福祉政策について「カスタマイズされた雇用・福祉」というスローガンを掲げており、成長と分配の好循環を目指して、保守政権でありながらも、前（李明博）政権の普遍主義の路線を維持しながら、福祉政策にも積極的に取り組む姿勢を示していた。例えば、2012年に李明博政権によって導入された満5歳児の無償保育は、朴槿恵政権においても引き継がれ、2013年にはその対象を満3~4歳児まで拡大することで、より安定的な制度運営を実現した。

　また、朴槿恵大統領は、教育分野の選挙公約として「夢と才能を活かす教育福祉」をスローガンとして掲げながら、①夢と才能を育てる教育、②教育の本質をとらえた教育課程、③専門人材の育成と生涯学習（平生学習）体制の構築、④国家が確実に保育に責任を持つ体制作り、⑤教育福祉という5つの方向性を示していた。図表15は、朴槿恵大統領の選挙公約の一部を抜粋したものであるが、3~5歳児の無償保育や高校の無償教育、小学校における終日ドルボム（ケア）教室の整備、大学の授業料の軽減等が教育福祉政策に該当する。

14　チュウ・ヨンヒョウ、パク・キュンヨル（2013）「朴槿恵政府の教育公約分析」『教育問題研究』Vol.26、No.3、pp.189-210、《韓国語文献》。

区分	公約内容
幼児教育	・3〜5歳児のヌリ課程への支援拡大（保育料の無償化） ・低所得者層の放課後にかかる費用を所得に応じて支援
小・中等教育	・人格（道徳）教育授業の優先的な実施 ・教科書だけで完結できる学習体制の構築（教科書の開発と無償供給） ・学校体育の活性化 ・校内暴力および危険ゼロの環境整備 ・小学校での終日ドリボム（保育）教室の運営（夜の10時まで）
私教育対策	・「公教育正常化促進特別法」の制定：小中高の試験および入試において、学校の教育課程を超える問題を出題するのを禁止 ・小学校の放課後学校の無償化 ・EBDの次世代教育サービスの構築
高校教育の無償化	・教育基本法の改定：高校の完全無償化の拡大 （毎年25％ずつ増加させ、2017年度には全面無償教育を実現）
進路職業教育	・個人に合わせた進路設計の支援：進路相談を担当する教員の大幅な増員、高校での職業体験の推進、自治体と公共機関における進路体験提供の義務化、EBSオンライン支援体制の構築 ・高卒の職業中心の教育体制の強化：特性化高校の育成、マイスター高校の多様化
大学の体制および学生福祉	・大学寮の拡充と料金の値下げ
大学の授業料	・授業料：低所得者層の学生に対する授業料の無償化の推進、所得に応じた授業料の支援 ・学資ローン：実質的な利子「ゼロ化」を推進、兵役中の利子の免除

---

[15]　第18代大統領選挙　セヌリ党の政策公約　セヌリ党のホームページより
http://www.saenuriparty.kr/renewal/policy/data_pledge.do（最終アクセス2020年6月6日）《韓国語文献》。

朴槿恵大統領の政策は普遍主義への進展は認められるものの、奨学金制度の拡充といった経済的な支援を通して、個人に対する平等な教育機会の保障が最も重視されており、「個人の教育機会保障型」の政策理念が政策の根幹にあったと考えられる。このような流れの中で、2015年の国会の予算政策書によると、幼児の無償教育（ヌリ課程）、高校の無償教育、放課後学校に対する教育福祉関連の予算は2014年の4.6兆ウォンから、毎年16%増加し、2018年には8.3兆ウォン（約8,300億円）に達すると見込まれ、財源の確保が大きな課題となっていた。結局のところ、朴槿恵大統領は罷免され、高校の無償教育や大学授業の半額化などの選挙公約は履行されなかったが、3〜5歳児の無償保育は予定通りに導入され、2018年には教育福祉予算全体の56%（3兆9,296億ウォン）を占めるまでに急速に拡大した。また、対象範囲については、2000年代前半には盧武鉉大統領によって選別主義への道が模索されたが、次第に普遍主義の要素が強くなり、朴槿恵政権になると、北欧の社会民主主義体制で実施されているような無償教育が積極的に推進されるようになった。

(5)　「抱擁的福祉」という名のものでの教育福祉政策の内実（文在寅政権2017.6〜2020年現在）

　文在寅大統領が進める福祉政策には、「抱擁的福祉」という言葉が使われており、「どの階層の人も取り残されることなく、経済成長の恩恵や福祉サービスを平等に享受でき、また個々人の人間としての価値が尊重されること」として定義される[16]。端的にいえば、「抱擁的福祉」とは、これまでの韓国が「先成長・後分配」という言葉が示すように、経済成長を重視し、しばしば所得の再分配や社会福祉をあと回しにしたこ

16　保健福祉部（2017）「抱擁的な福祉国家の設計図を作る」
　　http://www.mohw.go.kr/react/al/sal0301vw.jsp?PAR_MENU_ID=04&MENU_ID=0403&SEARCHKEY=&SEARCHVALUE=&page=1&CONT_SEQ=341541（最終アクセス2020年6月6日）《韓国語文献》。

とで社会的・経済的な格差が広がったことへの反省を踏まえ、富の再分配を重視するものといえる。このような政治理念に基づき、2017年に行われた大統領選挙で文在寅大統領は、大学の授業料の値下げや高校授業料の無償化など、実質的には前回の選挙公約（2012年）とほぼ同様の内容を選挙公約として打ち出した。

　また、文在寅政権は2017年3月に『経済・社会両極化に対応した教育福祉政策の方向と課題』という計画案（政策大綱に該当）を発表するが、選挙公約からは、低所得者層に対する奨学金制度や幼児の無償保育（ヌリ課程）の拡充等が織り込まれている。その中で、低所得者層への教育費や教育サービスの提供、高校・大学における入試優遇策や進路教育の強化、基礎学力の保障など、個人にターゲットを絞った選別主義的な取組みがより一層強化されていることがわかる。

図表16	文在寅大統領の教育関連の選挙公約
① 幼児から大学生までの公教育費を国家の責任で負担	・政府が幼児の無償保育（ヌリ課程）の予算を負担 ・高校の無償教育 ・大学授業料の半減、「公共寄宿舎」の拡大
② 0歳児から小学校6年生までのドルボム（保育）の負担軽減	・小学校の全学年を対象とするドルボム（保育）教室の整備 ・満12歳以下の共働き家庭への訪問育児サービスの拡大 ・国公立の幼稚園を40%まで拡大
③ 「教室の革命」を通して私教育の抑制	・1授業2教師制度、高校単位制 ・高校の序列化の解消、教育課程の分量の削減 ・乳幼児の私教育抑制および小学生の遊びの時間の確保
④ 育児休暇の拡大	・柔軟な勤務体制の導入
⑤ 児童手当の導入	・勤労時間の短縮

(6) 小括

　以上より、大統領選挙の選挙公約を中心に各政権が目指してきた教育福祉政策の特徴を網羅的に検討した。そこから見えてくるのは、キム・ミンヒ（2018）も指摘しているように、各政権は共通して経済的格差の解消や貧困の世代間連鎖を断ち切ることを最も重要な政策課題と考えており、「保守」と「進歩」という政治理念とは無関係に、社会問題の解決のために教育福祉政策を積極的に推進したという点である。さらに、時間の経過とともに、幼児から成人まで、そして低所得者層に限らず、脱北者や障がい者、ひとり親家庭、帰国子女，多文化家庭等にもその対象範囲を広げながら、2010年以降は無償給食や無償保育など、普遍主義的な政策が積極的に推進されている。図表17は、各政権における『基本企画案』（政策大綱）等から、主な実施項目を抽出し[17]、政策の目的および対象範囲による類型化を行ったものであるが、すべての政権において「個人の教育機会保障型」の政策が最も多いことが分かる。

　一方、「個人の教育機会保障型」を基調としつつも、障がい者や帰国子女、脱北者また李明博政権以降は多文化を対象とした「社会関係資本醸成型」の取組みも併せて進められていることがみてとれる。また、文在寅政権では朴槿恵政権から実施されている3～5歳児を対象とする無償保育（ヌリ課程）を継続しながら、高校や大学の授業料の値下げ等にも注力していることがわかる。

---

[17]　各政権の政策大綱は、盧武鉉政権の『教育福祉総合計画』（2004年10月）、李明博政権の『教育福祉対策』（2008年12月）文在寅政権の『経済・社会両極化を克服するための教育福祉政策の方向と課題』（2017年3月）を用いた（資料p.166を参照）。また、朴槿恵政権は政策大綱が存在せず、教育分野における選挙公約（2012年11月）を参考として記載した。

	盧武鉉政権 (2003.2〜 2008.2)	李明博政権 (2008.2〜 2013.2)	朴槿恵政権 (2013.2〜 2017.3)	文在寅政権 (2017.3〜)
個人の教育機会保障型/選別主義	障がい者、低所得層、外国人子女、学業不振者、農漁村支援等6項目	低所得者層の中高生、大学生への教育費支援、ICT支援、農山漁村支援等8項目	低所得層への教育費支援、大学生への奨学金等4項目	教育費支援、農山魚村への支援、奨学金、入試の優先枠の7項目
個人の教育機会保障型/普遍主義	保育料の無償化（一部）、e-ラーニング環境整備の2項目	英語教育の環境整備、幼児の基礎能力の支援の2項目	無償保育、教科書の無償化、放課後学校の無償化、EBSサービスの拡充、高校無償化の5項目	幼児教育の充実化の1項目
個人の教育機会保障型/普遍・選別主義	放課後教育活動の活性化の1項目	放課後学校の1項目		
社会関係資本醸成型/選別主義	特殊教育、学業中断者、帰国子女、脱北者、教育福祉優先支援事業、基礎学力が不足している成人の5項目	多文化、脱北者、学業中断者、低所得層、障がい者、基礎学力が不足している成人の5項目		障がい者、多文化、学校中断者、非識字の成人への支援等の4項目
社会関係資本醸成型/普遍主義	安全な環境作り、健康増進、行政体制の構築の3項目		校内暴力対策、放課後環境整備の2項目	教員研修、地域社会の環境整備の2項目

　先述の先行研究からは、韓国において教育福祉政策が短期間で急速に拡大した理由として、政治的要素、とりわけ選挙の影響が大きかったこ

とが示唆されているが、本書の分析からは、それぞれの大統領が打ち出した選挙公約や政策大綱の内容に大差はなく、奨学金制度の拡充や教育費の支給といった経済的な支援が主流となっていたことが浮き彫りとなった。さらに、大統領の選挙だけではなく、地方教育行政における教育監選挙も教育福祉政策に大きな影響を与えたとされるが、このような教育福祉政策に対する「政治化」は、教育福祉政策の量的拡大・質的変化に極めて重要な影響を及ぼしてきたといえる。次節からは、地方における教育福祉政策の「政治化」の様相を教育監の選挙公約の分析を通して明らかにする。

第2節　地方教育行政における教育福祉政策の特徴

　本節では、1990年代後半から中央政府の主導によって進められてきた教育福祉政策が2010年代に入り、教育行政における地方分権化の進展によって、どのように変化したかを明らかにする。とりわけ、教育監というアクターの選挙公約の分析を通じて、政策理念や実施内容等に関する地方教育行政と中央政府の共通点・相違点を明らかにする。

(1)　韓国における教育監制度の進展と普遍主義政策の拡大

　日本では、2015年4月から改正「地方教育行政の組織及び運営に関する法律」が施行され、教育行政における首長の影響力が強まる可能性があると指摘されている。一方、韓国では教育行政を一般行政から分離させ、住民が直接選挙で教育監を選出し、教育行政の独立性を図っている。そもそも韓国では1961年以降、軍事独裁政権の下で、教育政策についても強力な中央主権体制を敷いていたが、1980年代の民主化運動時代を経て、1991年に「教育自治法」が制定された。このような教育自治の進

展を受け、現在は独任制執行機関である教育監が地方の教育を管轄しており、2019年9月現在、各地方（17カ所）で教育監のもと、事務組織である「教育庁（교육청）」[18]が設置されている。教育監は、人事権、予算編成・執行権、条例作成の権限などを固有の権限として持っており、これまで3回（2010年、2014年、2018年）の全国同時地方選挙において、住民による直接選挙が行われた。

　先述の通り、韓国では大統領を政治思想や政策理念によって、「保守」か「進歩」に分類することが多いが、そのような分類は17の地方教育監にも当てはまる。大雑把に言えば、「保守」教育監は自律や選択、多様性、グローバル人材の育成など、新自由主義的な教育政策を推進しているのに対し、「進歩」教育監は「革新学校」の設置や平準化政策の強化、子どもの人権条例の制定など、平等性の向上や教育の公共性に重きをおく。また、「進歩」教育監は、無償給食をはじめとする普遍主義的な教育福祉政策を推進しており、2010年の選挙に際しては、無償給食を選挙の重要な争点として浮上させた。

　本節では、まず「進歩」教育監らが、どのような理由で無償給食を進めてきたかを探るために、民選1期・2期の「進歩」教育監として、初めて無償給食の導入を実現させた金相坤（キム・サンゴン）前京畿道教育監の教育論理に焦点を当てる。金相坤（前）教育監は、すべての人を対象とする無償給食の導入を積極的に進め、普遍主義的な教育福祉政策の先駆け的な存在となったが、彼の主張は普遍主義・選別主義に関する論点の争点を端的に示している。次に、2010年と2018年の教育監の選挙公約（5大公約）に焦点を当て、実際に地方教育行政レベルにおいては、どのような教育福祉政策が志向され、また政治思想が異なる「進歩」と「保守」教育監の間では、どのような違いがあったかを具体的に比較する。

---

[18] 2016年1月現在、ソウル特別市、6広域市、9道、世宗特別自治市の17箇所の広域自治体に置かれている。

先述の通り、韓国では教育福祉政策が導入されてから20年以上経った今も、教育福祉に関する一致した概念定義が得られていないが、選別主義・普遍主義に関する議論については、概ね、以下のような解釈がなされている。まず、選別主義的な教育福祉政策は、対象者を社会的・経済的に不利な立場に置かれている個人に限定し、ミクロなレベルにおける教育機会を保障するサービスが重視される。一方、普遍主義的な教育福祉政策は、教育福祉政策をすべての国民の権利として、政策や制度からのマクロなアプローチが重視される[19]。先述の通り、1990年代後半から中央政府主導によって拡大してきた教育福祉政策は、低所得者層に焦点を絞る選別主義的な政策が主流を占めていたが、2010年の6.2地方選挙時における無償給食の議論は、普遍主義の方向に舵を切るきっかけとなった。無償給食に関する議論は、当初は予算や政策の優先順位に関する議論であったが、次第に「保守」と「進歩」の理念対決に変わり、結局は教育福祉政策の全体的な在り方に関する議論にまで範囲が広がった[20]。

無償給食については、2010年の6.2地方選挙（教育監選挙）における論争を皮切りに、2011年にはオ・セフン（오세훈）ソウル市長とソウル市教育監が無償給食の実施をめぐって対立し、賛否に関する住民投票が行われ、その結果、ソウル市長の辞任を招く事態を引き起こした。また、それに伴って実施されたソウル市長の補欠選挙においても、無償給食を推し進める陣営の勝利し、普遍主義的な教育福祉政策は、もはや一部の政治家だけではなく、すべての政党が注目する政策アジェンダとして浮上するようになった。このような流れの中で、無償給食の導入理由について、初めて無償給食の導入を実現した金相坤（前）京畿道教育監は、以下のように説明している。

---

[19] ホン・ボンソン（2004）「我が国の教育福祉の方向と課題」『韓国社会福祉学』Vol.56、No.1 pp.253-282《韓国語文献》。

[20] イ・ウンヘ、ユン・カヨン、アン・ソンヒ（2016）「Multiple Streams Frameworkを適応した無償給食の政策分析：2010、2015年の政策変動を中心に」『韓国教育学研究』Vol.22、No.1、p.78《韓国語文献》。

第1に、無償給食は憲法が定める義務教育の延長にあり、国民の権利または政府の責任である。特に、低所得者層だけに対象を絞る無償給食は、ステイグマ（stigma）の問題を生じさせ、子ども達に心理的な傷や挫折感を与えることになり、共同体の健全な成長を妨げる。

第2に、無償給食は国民の大多数が賛成する政策であり、これは国民が福祉を「権利」として捉えるようになったことを示すものである。

第3に、無償給食は保護者の教育費の負担を軽減させ、教育格差の解消に繋がる。

第4に、無償給食は少子化問題の解決や地域経済・国内農業の発展など「成長・福祉の好循環」のモデルとなる政策である。（下線は筆者）

　金相坤（前）教育監は、無償給食は経済的な側面だけではなく、子どもの人権の観点から議論すべきと主張しながら、これまでの教育福祉政策が選別主義的・パターナリズム的であったことを批判し、無償給食に向けられていた「ポピュリズム、左派給食、北朝鮮式の社会主義の論理、お金持ち給食、教育インフラ構築の妨げ」等といった非難を一蹴した。このような無償給食の必要性については、2010年1月25日に発表された、当時の最大野党であった民主党（「進歩」派）の選挙公約「NEW民主党の約束」においても、以下のように同様の内容が確認できる。

　大韓民国の憲法は、義務教育を無償で実施することを規定している。給食は公教育の中に含まれている機能として、普遍的な給食の導入は義務教育としての国家の責任に該当する。低所得者層に対する選別的な給食支援は、パターナリズムの政策として、成長する子ども達に差別されたという傷を残すことになりかねない。

　以上より、「進歩」教育監と政党は、義務教育の完全無償化の実現と、選別主義的な取組みによるステイグマ（stigma）問題を無償給食の主な導入理由として掲げていたことが分かる。これは、本書の類型（政

策目的）からすれば、低所得者層の子どもに対する社会全体のケア、または学校活動への参加の促進を目的としている点で「社会関係資本醸成型」の政策の側面を有する。

　しかしながら、このような「進歩」派の主張において特徴的なのは、彼らが普遍主義の教育福祉政策を国民が享受すべき経済的な権利、言いかえれば、経済的資源の分配のあり方に関する議論として捉え直していた点である。それゆえに、教育福祉政策の対象を個人よりも集団や階層の権利として捉えており、そこには個人の成長や自己実現といった「教育的な」価値は、それほど言及されていない。言ってみれば、教育の問題は必ずしも分配の問題に行き着くものではないが、地方の教育監の選挙公約からは、教育福祉政策を主に物的・経済的な権利として捉えられる傾向が強くあらわれている。教育環境の整備の側面からすれば、無償給食や無償の制服等の提供が望ましいことは言うまでもないが、韓国の場合はそのような経済的な支援がいかなる意義や効果を持つのか、十分な議論がされないまま、選挙公約の一環として導入された経緯がある。さらに、皮肉なことに、無償給食や無償保育等の普遍主義的な政策の拡大により、低所得者層に対する予算が年々減少する問題が生じている。例えば、ソウル市の場合は、無償給食等が導入された2011年から3年間、低所得者層への支援額が1,697億円から1,344億円へ約20％近くも削減された[21]。

(3) 教育監選挙における選挙公約の分析：2010年と2018年の選挙公約の比較

　韓国ではこれまで、住民の直接選挙による教育監の選挙が3回行われており、現在全国で17人の教育監が選ばれている。2010年の選挙では「保守」教育監が10人、「進歩」教育監が6人当選し、「保守」が多数を占めたが、2014年の選挙では「保守」が4人、「進歩」が13人、また2018年の選挙

21　ユ・ジンソン（2014）『教育政策の主要イシュー評価および改善方向』韓国経済研究院。

では「保守」が2人、「進歩」が14人、「中道」が1人当選し、「進歩」が多数を占めるようになった。前節の金相坤（キム・サンゴン）前京畿道教育監は、「進歩」教育監の先駆的な存在として無償給食をはじめ、体罰禁止や制服廃止などの「学生人権条例」の制定、「革新学校」[22]の導入、高校平準化政策の拡大などに大きな役割を果たしており、彼の政策は他の「進歩」教育監にも多く継承された。

　図表18は2010年の教育監選挙における選挙公約（当選者のみ）の内容をまとめたものであるが、当時、私教育費の問題や腐敗撲滅については「進歩」と「保守」ともに同様の問題認識をもっていたことが見てとれる。一方、無償給食については、一部の「保守」教育監が段階的な導入を主張したのに対し、「進歩」教育監は総じて全面的な無償給食、一部は無償教育の全面導入までを打ち出した。

図表18	2010年教育監選挙の選挙公約（濃い色は「進歩」教育監、太字は筆者）

1. ソウル市 （クァク・ノヒョン）	2. 釜山市 （イム・ヘギョン）	3. 大丘市 （ウ・ドンギ）
① 均等な教育機会の確保、貧困の世代間連鎖を断ち切るための希望の教育を実現→教育格差解消、**私教育費の軽減、学校教育費の支援** ②一人も諦めない希望の教育 ③ 「ソウル型革新学校」→創造性、人格、適性教育の本格化 ④ 腐敗のない、民主主義、人権を保障する教育→学生人権条例等 ⑤普遍的な教育福祉と社会的責任の実現→**無償給食**	①「**私教育のない学校**」作り ② 小学校の**無償給食**の全面的な実施、中・高には段階的な導入 ③ 腐敗の根絶に向けた「ワン・ストライク・アウト制」の導入 ④ 学校と地域児童センターが連携した**夜間ドルボム（保育）の実施** ⑤ 創造性・人格向上の教育の実施	① 一般高校向けの**寄宿舎の建設** ②腐敗の根絶 ③ **私教育費の軽減**→放課後学校の質向上など ④ 地域間の学力格差の解消→特目高や自律高の設置による学校選択権の拡大 ⑤ 全国最高のU-スタディ（Ubiquitous Study）の環境の構築→eスタディのコンテンツ強化

22　「革新学校」とは、地方分権化が進められている韓国において、地方教育行政による代表的な学校改革として、2009年に当時の京畿道教育監であった金相坤（キム・サンゴン）氏によって始まった取組みである。公共性や共同体の理念、自主性、地域性、創意性を重視し、教育課程や学校文化、授業、評価等の総合的な変化を通じて、公教育の改革を目指す。2018年現在、全国の小中高の約10％（約11,000校）にあたる学校で導入されている。

4. 仁川市 　（ナ・クンヒョン）	5. 光州市 　（チャン・ヒュクック）	6. 大田 　（キム・シンホ）
① 親孝行を中心に人格教育を実施 ② 学力管理システムを通じて学力を保障 ③ 愛と信頼に満ちた学校作り→学校安全の向上、進路指導 ④ 自律と説明責任を重視する学校責任経営の実現→校長の公募制等 ⑤ 教育福祉支援総合センターの実施・運営	①環境にやさしい**無償給食** ②段階的な**無償教育** ③光州型革新学校の推進 ④腐敗の撲滅 ⑤ 放課後教育公益財団の設立→**私教育費の削減**、格差解消	① 学力と人格のバランスの取れた教育の実現 ② 喜びと感動の幸せ教育の推進→**私教育費の軽減、カスタマイズされた教育福祉の実現** ③ 自律と創造性を重視する未来教育を志向→学校の自律経営の拡大、教員への支援 ④ 生涯教育の推進、腐敗の根絶 ⑤ 満足度の高い教育行政の実現→各種センターや学校の設立

7. 蔚山市 　（キム・ボクマン）	8. 京畿道 　（キム・サンゴン）	9. 江原道 　（ミン・ビョンヒ）
① 教師と学生が主人公となる学校教育 ② 高品質の公教育実現→学力向上 ③ 環境にやさしい**無償給食（段階的）**の推進および腐敗の根絶 ④ 保護者の**教育費削減**と学校環境の改善→教育費支援等 ⑤ 教育のグランド・デザイン	①「学力の大革新」→授業と評価制度の変革で、多様な能力を開発 ②革新学校の推進 ③「公教育費負担ゼロ」→**無償給食から無償教育まで** ④ 国際的な民主市民の育成→多文化教育、学生人権の尊重 ⑤**私教育費の削減**→評価・入試制度の変革を通じて、先行学習と入試のための私教育の追放	① 環境にやさしい**無償給食** ②高校の平準化推進 ③革新学校の設立 ④学生の人権条例の制定 ⑤ **無償教育の実現**→学校活動費、中学生の学校運営費、制服支援等

10. 忠北 （イ・ギヨン）	11. 忠南 （キム・ゾンソン）	12. 全北 （キム・スンハン）
①心の温かい人材の育成 ② 21世紀型ブランド学校の育成→へき地の寄宿舎学校、英才教育のための自律高、マイスター高の育成 ③私教育費の削減 ④配慮の教育福祉の実現 →環境にやさしい無償給食、障害者と低所得者への支援 ⑤学校安全の向上	①新しい時代の実現 →無償給食の拡大、無料通学バス、多文化家庭支援、寄宿舎型中学校の拡大 ② 人格教育、創意的な人材の育成→学力向上 ③腐敗の混雑 ④保護者の教育費の軽減 ⑤ 未来型の教育環境の構築及び幸せな学校作り→学校暴力対策等	① 私教育費の削減→学校費用、制服費補助、へき地への公立型革新学校の設立など ②腐敗の撲滅 ③ 地域間格差の解消、教育財政の確保→農・山・漁村への支援 ④環境にやさしい無償給食→無償教育まで拡大 ⑤ 人権を大切に→学生人生条例の制定、学校内暴力対策
13. 全南 （チャン・マンチェ）	14. 慶北 （イ・ヨンウ）	15. 慶南 （コ・ヨンジン）
①環境にやさしい無償給食 ②無償の義務教育 →学校活動費、就学旅行費、体験学習費、制服代の支援 ③ 農・山・漁村の教育環境改善 ④ ムジゲ（虹）の学校の運営→革新学校 ⑤腐敗の根絶	① 施設拡充（学生海洋研究院、キャンプ場等） ② 学力向上のために支援校に集中支援 ③ EBSおよびIPTVを全校へ支援→私教育費の軽減と公教育の正常化 ④ 登下校時の「安心のお知らせ」サービス ⑤英語教育の強化	①腐敗の撲滅 ② 教育費の削減→無償給食、就学旅行費、放課後学校の支援等 ③基礎学力の向上 ④学校安全の向上 ⑤ 教員の無駄な仕事を削減
16. 済州 （ヤン・ソンウォン）		
①人格教育の強化 ②学力向上 ③ 教育福祉の実現→教育格差解消のための教育安全網の構築など ③ 信頼できる教育行政の実現→無償給食の段階的な導入など ④信頼できる教育行政の実現		

続いて図表19は、2018年の選挙公約をまとめたものであるが、「全教組」という左派の教員労働組合出身である「進歩」教育監は，共通して「環境にやさしい（친환경）」無償給食、安全な学校環境の整備（PM2.5やアスベスト対策）、高校の無償化・教育費の支援拡大、公立幼稚園および公営型私立幼稚園の拡大、自治体・教育行政・地域社会が協働で実施するドルボム（ケア）体制の強化等を選挙公約として掲げている。

| 図表19 | 2018年教育監選挙の選挙公約 （濃い色は「進歩」教育監、太字は筆者） |

1. ソウル市 （ジョ・ヒヨン）	2. 釜山市 （キム・ソクジュン）	3. 大丘市 （カン・ウンヒ）
①4次産業革命時代に備えた生きる力の育成 ② 温かくて正義に満ちた教育の実現→公立幼稚園や公営私立幼稚園の拡大、学力の保障など ③ 安全で快適な学校、平和的な世界市民の育成→環境にやさしい**無償給食**、学校暴力対策、多文化支援等 ④ 革新学校の発展→制服改善 ⑤市民参加の促進→学校と地域社会との協力体制、革新教育地区の活性化等	①未来社会に必要な力量と人格を備えた創意的な人材の育成 ② 幼・初等教育の公教育の強化および保護者の**教育費負担の軽減→高校の無償教育推進、制服や就学旅行費の支援**、放課後学校のプログラムの多様化等 ③ 地域間・階層間の教育格差の緩和→「マウル教育共同体」の拡大など ④ 学力向上および進路進学の支援強化 ⑤ 健康で安全に生活できる教育環境の醸成	①未来社会のための創意的で融合的な人材の育成→特性化高校やマイスター高の支援拡大、カスタマイズされた学力支援等 ② 地域における教育格差の解消→公立幼稚園の拡大、多文化支援等 ③信頼・安心できる学校作り→空調完備、学校暴力対策等 ④健康で幸せな学校作り→**中学校の無償給食、小学校の終日保育**、制服改善など ⑤教室中心の学校自律責任経営の保障→学生と教員の人権尊重等

4. 仁川市 （ド・ソンフン）	5. 光州市 （チャン・ヒュクック）	6. 大田 （ソル・ドンホ）
①機会は均等に、結果は公平な「平等教育」の実現→**幼稚園から高校まで無償教育の実現、制服代支援、共働き世帯のための保育など** ② 「革新未来教育」の実現 ③ 「安心教育」の実現→校内暴力対策、PM2.5対策等 ④ 学校と地域社会との「意思疎通教育」時代の実現 ⑤腐敗根絶、性暴力の撲滅	① **高校の無償教育の実施** ②4次産業革命の進路体験センターの設立 ③ 光州学生文化芸術体験センターの設立 ④ 統一時代に備えた平和統一教育の実施 ⑤ 大学入試制度の全面的な改変	① 未来に備えた教育革新→**幼稚園の無償教育拡大など** ②創意的・バランスの取れた人材の育成 ③安全で健康的な学校→**無償給食・無償教育の実現、制服代支援**、空調整備等 ④公正で効率的な教育経営 ⑤均等な教育機会、教育福祉→多文化支援、カスタマイズされた支援

7. 蔚山市 （ノ・オクヒ）	8. 京畿道 （イ・ゼジョン）	9. 江原道 （ミン・ビョンヒ）
①公務員の腐敗撲滅 ② **幼稚園から高校まで環境にやさしい無償給食** ③ **無償制服、無償教科書、就学旅行費の支援** ④ 学校教育課程の他、学習活動の強制的な廃止 ⑤ 学校通学路の調査および通学安全用品の支給	① 京畿革新教育3.0の実現 ② 公正な教育、平等な学校 ③ 学校自治、学校民主主義の実現 ④ 未来のための進路・進学教育の強化 ⑤ 平和統一教育の強化	①基礎学力の強化 ② 幼稚園から高校までお金のかからない教育の完成→公立幼稚園の拡大、制服代、放課後保育の拡充等 ③人を中心とする幸せの教育→教育福祉指数の開発、ワンストップサービス、教育福祉センターの運営、障害者支援等 ④ 健康で安全な学校→PM2.5対策、環境にやさしい無償給食、校内暴力対策等 ⑤ 地域社会と学校の協力体制構築
10. 忠北 （キム・ビョンウ）	11. 忠南 （キム・ジチョル）	12. 全北 （キム・スンホアン）
① 安全で平和な学校作り→PM2.5対策、校内暴力対策等 ② 4次産業革命時代の基礎学力の保障 ③ 文化、芸術、体育教育の活性化 ④ 教育福祉の促進→国公立幼稚園の拡大、多文化支援など ⑤ 地域社会との協力体制構築	① 育児しやすい環境作り→**高校の無償給食と無償教育、制服代支援、国公立終日幼稚園の運営など** ② 基礎学力の向上と創造性を持ち合わせた人材の育成→忠南型革新学校の拡大等 ③ 安全で快適な教育環境作り→校内暴力の撲滅、PM2.5対策等 ④家族の満足度の向上 ⑤ 平生（生涯）教育の推進	① 公教育の革新→革新学校の拡大、進路教育の強化 ② **保護者の教育費負担の軽減→幼稚園から高校まで無償教育、就学旅行費、制服の支援等）** ③教育自治の実現→PM2.5対策、市民参加の促進、官民協力など ④ 学力向上、教師の福利厚生の向上 ⑤ 教育現場の悪しき慣習の取りやめ

13. 全南 （チャン・ソクウン）	14. 慶北 （イム・ジョンシク）	15. 慶南 （パク・ジョンフン）
① **教育費支援**、進路・進学支援→**制服代、高校の無償教育**、進路進学センターの運営、基礎学力の保障等 ② コミュニケーションと協力の向上→教育自治委員会、地域社会とのマウル教育共同体への支援、教員の雑務軽減等 ③ 安心できる施設、環境、給食→PM2.5対策、環境にやさしい**無償給食**、校内暴力対策等 ④ ムジゲ（虹）の学校の拡大（革新学校） ⑤ 教育共同体の新しい変化→学生代表の学校運営委参加保障、私立学校の自律性向上、教員の環境改善など	① 学校内のPM2.5、有害物質対策 ② **幼稚園から高校までの無償給食の拡大** ③ 学生の人権と教員の権利保障のためのセンターの構築 ④ 数学教育の強化 ⑤ 進路・進学相談センターの構築	① 未来を見据えた教育体制の構築→「未来教育テーマパーク」の建設、進路教育等 ② 教育格差解消、公平性の実現→**高校までの全面無償教育の実施、終日保育教室**、質の高い放課後学校、農山漁村への支援など ③ 学べる学校作り→基礎学力保障、遊びの時間確保、教育課程の評価システム導入等 ④ 安全で安心できる学校作り→PM2.5対策、安全教育、安全な給食等 ⑤ 人格教育の推進
16. 済州 （イ・ソクムン）	17. 世宗市 （チェ・キョジン）	
① 教育福祉特別自治道の完成→**高校の完全な無償給食、幼稚園から高校までの段階的な無償教育の実現** ② PM2.5対策、4代病気への医療費支援など ③ 高校体制の改正の完成→特性化高の支援強化、芸術学科設置学校への支援強化等 ④ 「済州教育公論化委員会」の運営 ⑤ 「4次産業革命時代」への対応→授業の革新、ソフトウェア教育の強化等	① キャンパス型共同教育課程の拡大とキャンパス型高等学校の設立 ② 幼稚園教育の改善 ③ 未来人材の育成→高校単位履修性の導入、進路教育院の設立、マイスター高の設立等 ④ **教育福祉の実現→制服代、体験学習費、高校の無償教育**、多文化支援、校内暴力対策センター等 ⑤ 教師への支援（福利厚生の向上等）	

先述の通り、2010年の選挙では無償給食の導入が大きな争点となったが、2018年の選挙では無償給食だけではなく、一歩踏み込んだ形で、「環境にやさしい」無償給食の導入や、制服代や学校活動費、修学旅行費、卒業アルバム代の補助など、その支援の範囲を拡大しており、さらに幼稚園から高校までの無償教育も選挙公約として打ち出す教育監も複数存在した。ここで最も注目すべき変化は、「保守」や「中道」の教育監（大田市）も無償給食の実施には賛成しており、もはや「進歩」と「保守」の間で普遍主義的な教育福祉政策の進め方についての差は殆ど見られなくなった点である。

　以上を踏まえ、2010年と2018年の教育監の選挙公約の内容を比較してみると、2010年に「進歩」教育監の無償給食の導入から始まった普遍主義政策は、2018年には高校無償化の議論にまでその範囲が広がっており、また時間の経過とともに「進歩」と「保守」の間では、教育福祉政策の実施内容について、殆ど違いが見られなくなっている。また、先述した金相坤（前）京畿道教育監は無償給食の導入にあたって、義務教育の無償化という経済的な側面だけではなく、選別主義の取組みによるステイグマ（stigma）問題の解消といった「社会関係資本醸成型」の側面も導入理由として考えられていたが、そのような社会的弱者へのケアや配慮は、選挙という政治的な出来事を経ることで、いつの間にか、教育福祉が全ての人が享受できる経済的な権利、すなわち学費や制服代、就学旅行費などの無償のサービスの提供を教育福祉として捉えられる傾向が強まったことが見えてきた。

政策展開に見られる中央政府と地方教育行政の共通点

　以上より、各政権が進めてきた教育福祉政策は、個人の教育へのアクセスを重視する「個人の教育機会保障型」が中心となっており、2010年以降は選別主義から普遍主義へと、その内容が変化していることが確認できた。各政権が目指した教育福祉政策について、キム・ヨンイル[23]は、金泳三・李明博政権を「選別主義的な福祉政策に基づく貧弱な教育福祉政策」、金大中・盧武鉉政権を「統合的な福祉政策に従い、意欲があっても実績を伴わない教育福祉政策」であったと評価しているが、本書からは、そのような違いはあったとしても、「5・31教育改革（1995年）」以降、すべての政権において、個人への教育機会の保障を重視する新自由主義的な側面が一貫して教育福祉政策の基調であったことが示唆された。

　一方、中央政府が進めてきた新自由主義な教育政策に対して、地方の「進歩」教育監らは、無償給食や「革新学校」、「学生人権条例」などを議論の俎上に載せ、新自由主義的な教育政策に対する「対抗軸」を形成してきた。これまで韓国における教育政策の形成をみると、中央政府（教育部）が圧倒的な地位を占めており、時折、教員の労働組合や教育市民団体の関与があったとしても政策形成に成功した例は少なく、国が進める教育政策に対して反対を表明する程度に過ぎなかった。しかし、民選の教育監制度の導入により、「進歩」教育監らは政策起業家（policy entrepreneur）として新たな教育政策のアジェンダを次々と提示することとなり、その結果、2010年以降は、教育部と地方教育行政の間で本格的な政策論争が始まっている[24]。しかしながら、各政権（中央政府）と地方教育行政との政策

23　キム・ヨンイル（2012）、前掲書。

24　キム・ヨン（2014）「民選教育監第1期の評価と第2期の課題」『教育批評』（34）pp.11-12《韓国語文献》。

競争の観点から韓国の教育福祉政策の展開を俯瞰すると、両者ともに選挙を通じて、教育費の給付や現物の無償提供等、主に経済的な支援を教育福祉として推進してきたことがわかる。とりわけ、地方の教育監が推進する教育福祉政策は、当初は無償給食の推進について、社会参加や関係性の構築等を重視する「社会関係資本醸成型」の側面を全面的に出していたが、2018年の選挙公約の内容をみると、高校の無償教育（17人のうち、11人）や制服代の支援（17人のうち、9人）など、中央政府が推進してきた「個人の教育機会保障型」の政策に接近していることがうかがえる。すなわち、地方の教育監は「革新学校」や共生やケア、関係性の構築を重視する「社会関係資本醸成型」の政策を打ち出しながらも、一方では教育へのアクセスの保障を給食や制服など、広く捉えなおし、実質的には個人の教育費の軽減を重視する「個人の教育機会保障型」の政策を多く打ち出している。

　また、選挙公約によって導入された無償給食や無償保育（ヌリ課程）、高校の無償教育等については、その財源負担をめぐって、中央政府と地方教育行政間の対立が度々大きな課題となっている。それにも関わらず、中央と地方政府の両者ともに選挙を重ねる毎に、無償サービスの提供をますます拡大してきたことが見受けられる[25]。言いかえれば、政策レベルにおいては、中央政府も地方教育行政も教育福祉政策の量的拡大には貢献したものの、両者ともに「個人の教育機会保障型」の理念がその根幹にあり、個々のニーズに即した、きめ細かい制度的対応までには至っていなかったといえる。このような政策レベルにおける課題を踏まえつつ、次章からは、トップダウンで始まった韓国の教育福祉政策が実際に学校現場において、どのように受け止められ、変容してきたか、放課後学校と教育福祉優先支援事業という二つの事例に焦点を当てて検討を行う。

　地方の教育監は、個別の学校に対する包括的な指導・監督権を有しており、各学校は地方教育行政（教育監）の考え方に基づいた実践を行う

---

25 『中央日報』（「高校の無償化は歓迎するが、財源が必要」2019年4月11日付）《韓国語文献》。

ことが求められている[26]。その一方で、「学校会計制度」等を通じた自律的な学校運営が積極的に進められている現状があり、教育福祉政策の実態をより正確に把握するには、学校現場の個別的な実践も併せて検証する必要がある。そのような観点から、次章からはソウル市（大都市）と江原道草束市（地方小都市）という二つの地域の学校現場を中心に実態分析を行う。

---

26 クァク・インスク（2019）『直選の教育監時代における単位学校の歳出の変化による中学生の学業達成度の影響』延世大学校修士論文、p.90-91《韓国語文献》。

第3章

「個人の教育機会保障型」の特徴を
もつ放課後学校

本章では、「個人の教育機会保障型」の特徴を持ち、韓国特有の取組みともいえる放課後学校について、その歴史的展開を概観しつつ、同事業の導入・拡大に大きな影響を与えた盧武鉉大統領（2003〜2008年）に焦点を当て、彼の政策理念の究明を試みる。また、同事業が学校現場にもたらしている変化について、二つの地域に対する学校調査を通じて検証し、私教育費（学校外教育費）の軽減を通して教育機会の平等の実現を目指してきた同政策が公教育の「公共性」の観点から、どのような課題を露呈しているのか、またそれについてどのような変容を見せているかを明らかにする。

第1節 **放課後学校の制度的展開**

　2004年より韓国の教育部（日本の文部科学省にあたる）が中心となって進めてきた放課後学校は、「需要者（学生・親）によって運営される、正規の教育課程以外の学校教育活動」として定義される。放課後学校は当初、私教育費（学校外教育費）の軽減のための対策として導入されたが、時間の経過とともに、そのような市場主義的な側面だけではなく、社会経済的に不利な立場に置かれている子どもへの教育機会の提供という教育福祉的な側面、学校教育の補完という側面、学校の地域社会化という生涯学習の側面をも併せ持って進められるようになった[1]。しかしながら、本書ではこのような放課後学校の多様な側面を認めつつも、以降で詳しく検討するが、個人への平等な教育機会の提供が重視される運営実態や盧武鉉大統領の政策導入の思惑から、導入当時の放課後学校を「個人の教育機会保障型」の政策として分類している。

1　シン・キワン（2008）「放課後学校の展開過程における視点の分析」『韓国教育問題研究』第26巻、第1号、p.89《韓国語文献》。

もとより、放課後における教育活動は、イギリスの拡張学校（extended school）やドイツ・スイスの終日学校（all day school）、スウェーデンのレジャータイムセンター（leisure-time center）など、国によって呼び名は異なっても、放課後の取組みの重要性を認め、それを制度化しようとする動きは世界各国で共通してみられる新しい現象である。その中で、韓国の場合は放課後対策が積極的に推進された社会的背景の一つに私教育費の格差問題があり、例えば、統計庁（2005）、青少年委員会（2005）、韓国教育開発院（2003）が行った調査によれば、上位10％の層（29万2千ウォン）と下位10％の層（3万6千ウォン）の間では、私教育費の支出に約8倍の差が存在しており、2018年現在もそのような格差は依然として解消されていない[2]。

　私教育費の格差問題は短期的には学力格差を招くが、長期的な視点で考えると、賃金や所得格差につながり、貧困の連鎖を起こしかねないという懸念がしばしば示された。つまり、私教育費の格差が社会の「両極化現象（양극화현상）」を助長させ、社会統合を妨げる要因として一層認識されるようになったのである。政府の財務経済部の調査（2006年1月）からも、医療費（4％）や住居費（3％）と比べ、教育費支出による所得配分の改善効果は7～8％にのぼると推定され、教育費格差の解消が長期的にみても所得格差の解消に最も有効であると主張された[3]。以上のような背景から、私教育に対する多様なニーズを公教育のシステムへ取り込む試みとして、中央政府（教育部）は積極的に放課後対策に乗り出すようになった。

(1)　放課後学校の拡大のプロセス

韓国において放課後対策が本格的に始まったのは1995年頃とされる

2　『世界日報』2011年6月15日付《韓国語文献》。

3　キム・ホンウォン（2007）『放課後学校の成果分析および成果指標開発に関する研究』韓国教育開発院（KEDI）、p.10《韓国語文献》。

が、本項では韓国教育開発院（KEDI）の分類基準[4]を参考にしながら、導入期（1995〜2004年）、発展期（2005〜2006年）、拡大期（2007年以降）という三つの時期に分けて放課後対策の変化を概観する。

　まず、導入期（1995〜2004）は金泳三政権から盧武鉉政権までの時期に該当し、「放課後教育活動」の始まりは、1995年に金泳三大統領（当時）の諮問機関であった教育改革委員会が打ち出した「5・31教育改革」であった。この改革案は、これまでの供給者中心で画一的であった教育システムを需要者中心で民主的・自律的なものへ転換させることを目指す画期的な試みとして、その中における「放課後教育活動」は「個人の多様性を重視し、そのための教育方法を確立する」手段として提案されていた。しかし、1996年から1998年までの実施状況を見ると、放課後対策は私教育費の軽減に重きが置かれ、主な実施内容も教科活動や補習学習となっており、子どもの適性や特技の開発といった制度の導入趣旨が損なわれていた。その反省から、教育部は1999年2月に「特技・適性教育の運営計画」を発表し、名称を「特技・適性教育活動」に変え、補習学習が主な実施内容となっている状況を改善しようとした。この「特技・適性教育の運営計画」においては、「教科教育から離れ、素質・適性・特技の開発のためのプログラムの運営」が基本方針として明示され、教科教育、特に補習学習の中止が強調された。

　そうした中で、盧武鉉大統領への政権交代に伴い、教育部は2004年度に「2・17私教育費軽減対策」という新たな政策を打ち出した。その対策案はこれまで私教育が担っていた「公教育の補完」という機能をもう一度学校現場へ取り戻すという政府の強い意思のもと、公教育が私教育にとって代わることを目的とした大きな転換策であった[5]。これを機に、高校における放課後の習熟度別補充学習や小中高の英語、低学年向けの保育プログラムが新たに導入されることになり、また盧武鉉大統領（当

4　キム・ホンウォン、前掲書、《韓国語文献》p.8。

5　田中光晴（2009）「韓国における私教育費問題と政府の対応に関する研究—教育政策の分析を通じて—」『比較教育学研究』第38号、2009年、p.98。

時）の指示により、これまでの「特技・適性教育」や「放課後教室（小学校）」、「補充自律学習（高校）」といった全ての放課後活動が「放課後学校」という名称に統一され、公式に使用されるようになった。

引き続き、発展期（2005〜2006年）においても盧武鉉大統領の積極的な支援が継続され、放課後学校は量的な拡大とともに制度的にも定着するようになった。具体的には、基本運営計画の作成や担当チームの結成、研究学校や試験校の選定など、学校現場への段階的な導入が図られたほか、農漁村学校に対する運営支援や小学校の放課後保育プログラムの設置、教育バウチャー制度である「自由受講券」制度や大学生のメンタリング制度など、新たな事業が次々と導入された。また、この時期は盧武鉉大統領が自ら学校現場（インホン中学校等）への訪問や政策討論会の開催等を通じて、放課後学校に対する全面的な支援を打ち出し、放課後学校の普及に大きく貢献した。

最後に、拡大期（2007年以降）においても、放課後学校は量的な拡大とともに質的にも変化し続けながら、安定した政策運営が目指された。例えば、実験校（48カ所→96カ所）や農漁村への支援（19地域→88地域）、「自由受講券」制度の対象者（10万人→30万人）も増加し、量的な拡大を遂げた。また、この時期は放課後学校の事業が国から地方へ移譲されたこと（地方化）、需要者の選択による自由参加を原則としたこと（自律化）、民間に委託できるようになったこと（市場化）、小学校での学童保育（ドルボム教室、돌봄교실）が拡充されたこと（福祉機能の拡大）といった重要な質的変化が生じていた[6]。このような政策転換の背景には、2008年に教育部が打ち出した「4・15学校自律化措置」という政府方針の変化があり、その中で放課後学校は、受益者負担を原則としたうえで、各学校の校長が学校運営委員会の審議を受けることを前提として自由に運営できるものとし、民間企業や団体への委託運営も可能となった。同じく2008年には「放課後学校活性化支援企画」という政府方針が発

---

6 イム・ヨンギ（2015）「韓国放課後学校政策の推進過程の特徴分析」『教育行政学研究』第33巻、第4号、pp.125-145《韓国語文献》。

表され、中央政府の計画に基づく放課後学校の運営が廃止され、行政権限や財源に対する地方移譲が行われた。地方移譲に伴い、放課後学校の予算は市・道の教育庁の普通交付金を財源としながら、国庫負担金や特別交付金は一部のみが支給される方式に変更された。さらに、教育部は「放課後学校内実化方案」（2011年7月）を発表し、放課後学校の目標や定義を新たに示しており、放課後学校については「需要者の要望と選択に基づき、受益者負担または財政支援によって行われる正規授業以外の教育・保護プログラム」として、放課後学校の目的については「学校機能の補完・拡大」と述べている。また、この際に日本の学童保育にあたるドルボム（ケア돌봄）教室や週5日授業の実施に伴う土曜の放課後学校も新たに始まり、現在に至っている。

(2) 放課後対策に関する政府方針の非一貫性

　韓国における放課後対策は政府の教育政策に変化が生じると、その度に目的を変更しており、教育の問題が社会的に議論されると、その解決策の一つとして放課後対策が使われてきた側面がある。つまり、放課後対策は入試重視の教育制度や公教育に対する国民の不満をかわすものとして機能していたと考えられる。そのため、これまで中央政府が打ち出してきた放課後対策を概観すると、特技・適性（多様性）の重視と学習活動の重視という二つの異なる方向性が振り子のように変化してきている。図表20は、実際に政府が掲げてきた放課後対策の政府方針を概観したものであるが、豊かな心の成長から学力向上へ、再び特技・適性の育成から教科中心の学習へと、目的が変更され一貫性に欠けている。

図表20	放課後対策に関する政府方針の変化（太字は筆者）	

	政府方針	政策内容
導入期 **(1995～** **2004)**	5・31教育改革（1995）	放課後教育活動が「**個人の多様性を重視** **し、その教育方法を確立する**」ための一つ の方法として導入される
	特技・適性運営計画 （1999）	「**教科教育から離れ、素質・適性・特技の** **開発のためのプログラム運営**」という基本 方針が明示され、入試中心の補充学習を主 な活動内容とする状況を改善する
	私教育費軽減対策（2004）	私教育が担っていた「公教育の補完」とい う機能をもう一度学校現場に取り込み、**私** **教育費の低減を図る。**
発展期 **(2005～** **2006)**	放課後学校運営計画 （2006）	放課後学校の自律性・多様性・開放性を向 上させるために**校長による運営や民間機関** **への委託を可能とし、新たに農漁村地域へ** **の支援、自由受講券制度、大学生によるメ** **ンタリング制度**等が導入される
拡大期 **(2007年** **以降)**	放課後学校活性化支援計画 （2008）	放課後事業の**国から地方への移譲**
	放課後学校内実化方案 （2011）	**民間参加の拡大**に加え、**小学校でのトルボ** **ム教室**（日本の学童保育にあたる）**の設** **置、土曜日の放課後学校**の導入

韓国教育開発院（2013）『データ基盤教育政策の分析研究（Ⅱ）：放課後学校の成果に影響を与える学校の特性分析』pp. 18-22。

　換言すれば、韓国政府における放課後対策は、導入当初は入試重視の教育から脱却し、本質的な教育実践を取り戻すことを目指していたが[7]、私教育費の軽減という社会的ニーズに寄り添う形で政策が変質し、後には学校の地域社会化や教育福祉という新たな視点も加わるようになった

7　ワン・ソクスン（2009）「放課後学校発展方案の探索」『教育総合研究』Vol.07、No.2、 2009年、
　　p.109《韓国語文献》。

といえる。図表20からは、韓国の中央政府が掲げてきた放課後対策の目的は、私教育費の軽減や学校機能の補完、社会経済的な弱者や共働き世帯のためのケア（ドルボム돌봄）機能の強化等、多岐にわたっていることがわかる。そもそも放課後対策は「教育」と「福祉」が重複する領域であるため、その目的を明確にするのは困難であるが、その一方で韓国は教育熱の高い社会ということもあり、塾（学院학원）という民間機関が放課後教育の中心的な位置を占めてきた。しかしながら、塾や課外活動は親の経済事情に左右されるところが多く、東京都の学習塾への公的支援制度を紹介した末冨も指摘しているように、「経済的な余力がない子どもたちは、学習塾サービスや、スポーツや音楽などの放課後の学習機会から締め出されており、これは学校外において学力や能力につながる機会の格差を放置することによって、社会的な格差は再生産され続けるという社会的排除の構造の放置につながる」[8]という懸念が韓国においてもしばしば示された。

　こうした流れを受け、2004年に盧武鉉大統領の全面的な支援を受けて放課後学校という新たな取組みが始まった。放課後学校では子ども期における不平等を是正することを目的とし、農漁村（へき地）への手厚い支援や経済的弱者にターゲットを絞った取組み、とりわけ低所得家庭の子どもに対する教育機会の保障を目的とした「自由受講券」制度を導入することで、放課後学校は重要な教育格差是正策の一つとして位置づけられるようになった。なお、「自由受講券」制度について、教育科学部（現「教育部」）は、以下のように定義している。

　　放課後学校における「自由受講券」制度は、低所得家庭の子ども
　　を対象として放課後学校におけるプログラムの受講料を支援する
　　制度であり、その目的は低所得家庭の子どもに対する持続的かつ
　　効果的な支援を通じて、教育を受ける機会を拡大し教育における

8　末冨芳（2012）「学習塾への公的補助は正しいか」稲垣恭子編『教育における包摂と排除：もうひとつの若者論』明石書店、p.80。

公共性を維持すること、または階層間の教育格差を緩和すること
である[9]。

　以上より、放課後学校における「自由受講券」制度は、低所得家庭の
子どもを対象に放課後学校への参加を促すための教育バウチャー制度と
して、平等な教育機会の保障に主眼を置く制度といえる。なお、2018年現
在、一人当たり600,000ウォン（約6万円）程度が1年間の受講料として支
給されており、2018年の実績では、626,211人を対象に総額3,377億ウォン
（約323億円）が支給された[10]。

第2節　放課後学校の導入背景：平等な教育機会の保障を重視した盧武鉉大統領

　前節では、放課後対策に関する中央政府の方針は一貫性に欠けてい
たことや、2004年に盧武鉉大統領のリーダーシップによって始まった放
課後学校では「自由受講券」制度や農漁村（へき地）への支援など、
教育機会の保障が重視されていることが確認できた。本書ではこのよ
うに平等な教育機会の提供が重視されている実態に鑑み、初期の放課
後学校を「個人の教育機会保障型」の政策として分類しているが、分
類の妥当性を裏付けるもう一つとして、放課後学校の導入の背景が挙
げられる。とりわけ、放課後学校の形成・拡大に極めて重要な役割を
果たした盧武鉉大統領がいかなる考え方に基づいて政策を導入したか
を解明することは、現在の放課後学校の特質を論じるうえでも重要な
視点の一つであると考える。

9　韓国政府のホームページ（（政府24、정부24）、「低所得層子女放課後学校自由受講券」https://
　www.gov.kr/portal/service/serviceInfo/SD0000003677（最終アクセス2020年3月23日）《韓国語文献》。

10　教育部（2018）『2018年度放課後学校運営現況統計』《韓国語文献》。

本書ではまず、教育人的資源部の「放課後学校の運営基本計画」（2007）および教育部の「放課後学校の運営ガイドライン」（2018）という運営指針マニュアルの中から、政策目的に関する記述を抽出し、盧武鉉政権の時と2019年現在（文在寅政権）の放課後学校の政策目的について比較を行った。両者を比べてみると、記述の順番が少し入れ替わったことやケア（돌봄ドルボム）機能が新たに追加されたことを除き、私教育費の軽減や教育格差の是正、学校と地域社会との連携（学校の地域社会化）といった当初の政策目的に大きな変化がないことがみてとれる。なお、都市部の低所得家庭や農山漁村（へき地）への支援について、2006年には教育福祉という用語が使われたが、2018年には「教育格差の是正」という言葉に変更されており、教育福祉という概念が持つ曖昧さをあらわしている。

　前述の通り、韓国における放課後対策は1995年の「5.31教育改革」を皮切りに、個人の多様性を促進する一つの方法として急速な拡大を遂げており、その中でも2004年から始まった放課後学校は2018年現在、全国の99％以上の小中高で実施されるほど量的に拡大している。放課後学校がこのように短期間で拡大されたのは、中央政府によるトップダウン的な政策であったことが最も重要な要因とされるが[11]、とりわけ大統領が政策に積極的に関わってきたことは放課後学校が制度化される大きな原動力となった。特に、盧武鉉大統領（2003〜2008年）は、既存のすべての放課後活動を放課後学校という名称に統一させ、「大統領プロジェクト化」とするなど、放課後学校の形成・拡大に大きな役割を果たしたとされる。盧武鉉大統領は、幾度も放課後学校の重要性を力説しながら、アジェンダの設定や政策形成に決定的な役割を果たしており、当時の教育人的資源部（現「教育部」）は、盧武鉉大統領の意向に従い、教育バウチャー制度（自由受講券）やへき地向けの放課後学校、放課後学校支援センターの設立など、新たな取組みを次々と展開した[12]。これらの諸施策

11　イム・ヨンギ（2015）、前掲書《韓国語文献》。

12　パク・インチョル（2011）『放課後学校の政策形成および施行過程における国策研究機関の役割

は現在も続いており、端的に言うならば、盧武鉉大統領の方針は、現在の放課後学校の基盤を形作ったといえる。

図表21　政府が掲げる放課後学校の政策目的の変化

2006年の政策目標		2018年の政策目標	
①学校の教育機能の強化	特技・適性の教科プログラムおよび多様な教育プログラムの運営	① 私教育費の軽減	音楽や美術，体育などの活動を通じて，素質・適性・進路啓発や学習の深化・補充等，私教育に対する多様なニーズを満たす
② 私教育費の軽減	保育等も含め，学校外における私教育費のニーズを学校の中に取り込む	② 教育格差の緩和	都市部の低所得者層と農漁村学校に対する支援を強化
③ 教育福祉の実現	農山漁村と都市部の低所得者の子女に対する放課後の教育プログラムの充実	③ ドルボムサービスの提供	ケアが必要な子どもが対象
④学校の地域社会化	自治体や大学等の人的・物的資源の活用し，子どもや地域住民を対象とする多様なプログラムの運営	④ 地域社会の中の学校を実現	自治体や大学など，地域の人的・物的資源を活用する

教育人的資源部『放課後学校の運営基本計画』（2007、p.2）および教育部『放課後学校の運営マニュアル（길라잡이）』（2018、p.3）より。

　次に、盧武鉉大統領が放課後学校を推進した理由や導入の背景について、行政文書や演説文を通して確認する。分析の資料は、発言が与えるインパクトや公的性格を勘案し、大統領主催の首席補佐官会議（2004年11

___
　分析』ソウル大学修士論文《韓国語文献》。

月1日）、国政懸案市道知事招聘討論会における発言（2006年8月8日）、新年の演説（2007年1月23日）の三つを対象とする。

　分析の方法としては、SCAT法（Step for Coding and Theorization）を用いた。SCAT法とは大谷[13]によって提案された質的データ分析の手法であり、言語データをセグメント化し、①着目すべき語句、②言い換えのためのデータ外の語句、③それを説明する語句、④そこから浮かび上がる構成概念という4段階でコーディングを行う手法である。SCAT法を用いたのは、大統領の直接の発言を基に言い換える作業を行うことで、言葉に隠された意図を抽出するためである。次に、見出した構成概念からサブ・カテゴリーとコア・カテゴリーを形成し、結果はコア・カテゴリーごとに構成概念と語りから説明するようにしている[14]。なお、具体的な分析の手順は以下の通りである。

○分析例

　盧武鉉大統領が放課後学校を推進した理由、とりわけ政策の導入に当たってどのような制度設計を考えていたかを明らかにするために、首席補佐官会議（2004年）、国政懸案市道知事招聘討論会（2006年）、新年の演説（2007年）の三つの発言内容[15]について別々にコード化を行った。図表22は、そのような分析例の一部を示しているものである。

13　大谷尚（2008）「4ステップコーティングによる質的データ分析手法 SCAT の提案―着手しやすく小規模データにも適用可能な理論化の手続き―」『名古屋大学大学院教育発達科学研究科紀要（教育科学）』第54巻2号、pp. 27-44。

14　三沢徳枝（2017）「子どもの貧困に対する学習支援：支援の視点」『佛教大学教育学部学会紀要（16）』pp.89-107。

15　チェ・テホ（2012）『韓国の「放課後教育」政策：政策変動の観点』韓国教員大学校博士論文《韓国語文献》。

発言データ ➡	【1】 テクスト中の注目すべき語句 ➡	【2】 テクスト中の語句の言い換え ➡	【3】 左を説明するようなテクスト外の概念 ➡	【4】 テーマ・構成概念
放課後学校には、低所得家庭の子どもを学校でケアする側面も持ち合わせていますよね。	低所得家庭の子どもを学校でケア	貧しい子どもに対するケア機能	放課後学校の目的・対象	選別主義的な取組みによるケア機能の充実化
また、ある意味では競争的な取組みが自然に導入されます。受講講座の間で競争が生まれるでしょう。	競争的な仕組みが自然に導入	競争を通じたシステムの改善	学校に市場原理を入れる	競争を通じた公教育の改善
学校の先生がカバーすることが難しかった、クリエイティブで多様な活動も取り入れることが可能となります。保護者が部分的に参加できるプログラムも併せて実施できると思います。	学校の先生がカバーすることが難しかったクリエイティブで多様な活動が可能	質の高いプログラムの実施	多様性を重視し、公教育の短所を克服	公教育の機能の補完

○ストーリーライン

　SCAT法では構成概念からストーリーラインを述べることになるが、上記の三つの資料について別々に構成概念からストーリーラインを記述している。

① 大統領主催の首席補佐官会議（2004. 11. 1）における発言

「…放課後学校には、低所得家庭の子どもを学校でケアする側面も持ち合わせていますよね。また、ある意味では<u>競争的な取組みが自然に導入されます</u>。受講講座の間で競争が生まれるでしょう。<u>学校の先生がカバーすることが難しかったクリエイティブで多様な活動も取り入れることが可能</u>となります。保護者が部分的に参加できるプログラムも併せて実施できると思います。市民生活については<u>基本的なことだけを国が引き続き管理して</u>、それ以上のもの、<u>つまり多様性や専門性の向上</u>については、個々人が自分の欲しいものが達成できるように、もう少しオープンな環境作りを目指して、もう一度話し合いの場を設けてほしいです。カンナム（江南）の塾街ではなく、学校に行けば、それと同じレベルのものが手に入る。その趣旨から、<u>すべての教育を学校の中で完結できるようにしたらどうか</u>と思ったわけです。」（下線は筆者）

【ストーリーライン①】

放課後学校は【選別主義的な取組みとして、学校におけるケア機能】の向上を目的とし、また【競争の原理】に基づきながら、【個人の選択や多様性】を重視し、【私教育費対策として学校サービスの向上】を通して【公教育の機能を補完】するための取組みである。

② 国政懸案市道知事招聘討論会（2006年8月8日）における発言

「放課後学校は全国的に実施されていますが、（国の）均等な発展のためにも、とても重要な取組みと言えます。ソウルも対象に入りますが、切実に必要なのは、やはり地方でしょう。<u>地方に、これを成功させると発展が期待でき、また公教育の正常化にも欠かせない効果的な手段</u>となりえます。高校レベルでは、これは一種の入試塾のようなものではないかという疑問を投げかける方も

いますが、入試制度が存在する限り、学校か塾かでやることになります。　政府はこれまで入試対策として、行き過ぎた競争を防ぐために様々な努力を尽くしてきました。2008年度に施行される新しい入試制度も、総合的な視点から「一列に並ぶ」のではなく「分野ごとに並ばせる」ことを通じて、教育の多様性を確保するとともに、入試の競争においても分野別に競争させることで行き過ぎた入試の競争を防ごうとする趣旨があります。入試制度改革が最も重要であり、放課後学校で入試の勉強をしないようにするというのは現実離れした考え方です。小中の放課後学校では、特技・適性教育が多く、高校では入試中心の内容となっていますが、そのような取組みを通して、全国で均等な教育機会が提供されることは奨励すべきものです。現実を認めながら、公教育を中心に据え、我々の教育の活性化を図る取組みとして、ご理解いただきたいです。（下線は筆者）

【ストーリーライン②】

放課後学校は、【平等な公教育の再生を目的】としており、政府は【入試制度の多様化による大学入試に係る課題の解決】とともに【現実的な立場から塾の影響を認め】、放課後学校に【入試の対策などの現実的なニーズも取り入れるべき】と考えており、これによって【平等な教育機会の提供】が可能となり【より現状に即した公教育の活性化】が図られると期待する。

③ 新年の演説（2007年1月23日）

教育問題について心配事が多いことと思います。我々が抱えている現実問題をよく熟知しています。子どもは入試への負担、成績の重圧感に苦しめられ、親は私教育費の問題で大変な思いをし、階層移動の機会がなくなるのではと心配しています。教師の権威の失墜の話や大学の競争力の低下を心配する話もよく聞きます。どれも決し

てすぐに解決できるような問題ではありませんが、全力で取り組んでいるところです。<u>放課後学校は社会が多様化していく中、様々なニーズを満たすことを目的として大統領が重点的に進めているプロジェクトです。</u>まずは、<u>私教育を学校の中に取り込むこと</u>を目指します。しかし、もっと視点を高く持つと、<u>低所得家庭の子ども達に教育機会を提供し、生活を守ること、</u>そして<u>学校が地域社会の中心的な役割を果たし、地域共同体を取り戻すきっかけとなる</u>と思われます。教育部の調査によると、昨年は98.7％の学校で放課後学校を実施しており、280校の試験校を対象に調べたところ、<u>私教育費の軽減効果は一人当たり平均6万2千ウォン</u>でした。これに加え、<u>平等な教育機会の保障のために</u>通信教育などの多様な教育メディアの開発にも力を入れています。英語教育の革新的なやり方については、すでに発表しています。本年度の3月より、教育放送で英語専用のチャンネルができて、2010年までにはすべての中学校にネイティブの教師が配置される予定です。（下線は筆者）

【ストーリーライン③】
韓国には【教育による社会移動の機会が減少している問題】があり、【多様性やニーズの充足を重視する大統領】の考えのもと、【学校の役割を私教育の分野まで広げること】で【公平性の確保や学校の地域社会化を促進】する。また、【私教育費対策としての放課後学校の効果】は認められ、【公教育の環境整備を通じて平等な教育機会を保障する】ように努めていく。

○ 分析結果と考察

図表23に示している通り、構成概念から抽出したカテゴリーから〔公教育の整備と学校機能の拡大〕、〔新自由主義的な要素〕、〔現状を認める姿勢〕、〔教育における公平性の確保〕という四つのコア・カテゴリーを見出した。

図表23　SCAT分析によるコア・カテゴリーの抽出

コア・カテゴリー	カテゴリー	構成概念
公教育の整備と学校機能の拡大	学校（公教育）の新たな機能	選別主義的な取組みによるケア機能の充実化
		学校の役割を私教育の分野まで広げる
	公教育の整備という側面	公教育の機能の補完
		公教育の環境整備を通じて、平等な教育機会を保障する
新自由主義的な要素	競争重視	競争を通じた公教育の改善
	個人の選択や多様性、ニーズの充足という側面	個人の選択や多様性の重視
		多様性やニーズの充実を重視する大統領
現状を認める姿勢	現状認識と方向性	入試制度の多様化を通して入試に係る問題を解決する
		教育による社会移動の機会が減少している問題
	現状を認める	現実的な立場から塾の影響を認める
		放課後学校には入試の対策等の現実的なニーズを取り入れるべき
		より現状に即した公教育活性化の推進
教育における平等性の確保	平等な教育機会の保障という目的	地方に対する平等な公教育の再生が目的
		私教育対策として学校サービスの向上
		平等な教育機会の提供という意義
	放課後学校の効果	私教育費対策としての放課後学校の効果
		公平性の確保や学校の地域社会化を図る

〇 総合考察

　以上の分析結果から、盧武鉉大統領は放課後学校の導入・拡大に際して、競争原理を通じた公教育の再生や個人の多様性・選択の重視など、新自由主義からの影響を大きく受けていたことが示唆された。つまり、「ニーズの充足」や「多様性・専門性の促進」「個人の選択」といった言葉からも分かるように、新自由主義的な考え方に基づき、放課後学校を推進していたことがわかる。もう一つ特徴的なのは、盧武鉉大統領が入試問題や私教育費の格差という現実の課題をそのまま認め、現状を受け入れる形で公教育の整備を通して解決策を模索していた点である。これまで私教育が果たしていた「公教育の補完」という機能を公教育が果たすようにすること、言いかえれば、公教育の質保障によって格差問題の解決を図っていたのである。さらに、社会移動の機会が減少していることを問題として捉え、その対策として低所得家庭の子どもやへき地への平等な教育機会の提供を進めており、ケア機能の充実や学校の地域社会化についての言及はあるものの、平等な教育機会の提供について繰り返し強調していることが確認できる。

　以上を踏まえ、本書では個人に対する学習や特技というプログラムの提供という内容的な面に加え、平等な教育機会の保障を重視した導入背景の要素を加味して、初期の放課後学校を「個人の教育機会保障型」の特徴をもつと判断した。一方、このように教育機会の保障を重視する盧武鉉大統領の考え方のもとで、学校の教科教育を中心に進められるようになった放課後学校について、当時の全国教職員労働組合（全教組）は、以下のような声明文（2006年7月6日）を発表し、問題点を指摘している。

　（中略）全教組はこれまで数回に亘って望ましい放課後活動のあり方について声明を出してきた。低所得家庭や共働き世帯の育児に対する公的な責任を負い、正規の授業や家庭で提供することができない多様な文化活動や芸術の体験活動を中心に進められるべきである。国英数を中心とした入試対策は禁止すべきであり、受益者負担

を廃止し、無償のプログラムが提供されることが望ましい。学校を
塾みたいに変えるような放課後学校ではなく、学校と地域社会と家
庭が連携して、子どもの健康を守り、人格形成や創造性を育むよう
な放課後活動にしていくべきである。[16]（下線は筆者）

　以上の声明文からは、全教組は学校教育の延長線、特に入試対策と
して放課後学校が運営されることを批判しているものの、放課後学校そ
のものについてはケアの公共性や多様な活動の促進の観点から、その必
要性を認めていたことが分かる。学校の教科教育を超え、学校と地域社
会、家庭が連携して、子どものウェルビーイングを向上させる必要性に
ついて述べているが、このような理念は10数年を経過してから「マウル
（地域）放課後学校」という新たな取組みの中で、改めて強調されるよ
うになる。

第3節　ソウル市と江原道の実施例にみる学校現場における変化

　前節では、盧武鉉大統領（2003〜2008年）が個人の選択や多様なニー
ズの充足を重視する新自由主義の考え方に基づき、放課後学校を推進し
ていたことが明らかになった。本節ではそのような理念の下で始まった
放課後学校が実際にどのように展開されているのか、学校調査（2016〜
2019年）を通じて確認する。放課後学校は2008年に国（中央政府）から
地方へ事業主体が移譲されてから、17地方の教育庁の判断によって異な
る取組みが可能となった。本書はその中から、大都市型の取組みとして
ソウル市を、地方の小都市型の取組みとして江原道草束市という二つの

16　全国教職員労働組合の報道資料「放課後学校の誤った事例および望ましい放課後活動を求める記
　　者会見」（2006年7月6日）《韓国語文献》。

地域を選定し実態調査を行った。調査の詳細については、まず2016年1月にソウル市I初等学校への訪問調査を行い、「自由受講券」という教育バウチャー制度の実施状況など、放課後学校の運営全体に関する情報を得た。その際に担当教員二人への聞き取り調査を実施し、放課後学校に対する教師の受け止め方や諸課題に関する意見を聴取した。次に、2019年9月にソウル市B初等学校、江原道束草市K初等学校およびA中学校への訪問調査を行い、学校管理職（教頭）や担当教員、放課後学校のコーディネーターに対して、運営実態やネットワークの形成、諸課題に関するインタビュー調査を実施した。

　そもそも新自由主義の教育政策は各国により異なる様相を呈しているが、柔軟な労働力や教育による競争力の強化、需要者のニーズに即した選択権の付与、各学校における自律性の促進、民間の経営原理の導入、学校間における競争体制の導入等は、いずれにも共通して見られる傾向といえる[17]。こうした状況に鑑み、本節では文献研究として運営ガイドラインや政府の報告書、教育庁の資料等の内容を踏まえつつ、学校調査を通じて、実際に新自由主義的な側面が放課後学校にどのように浸透しているのか、実施内容や実施主体、実施方法を中心に検討を行う。

(1)　多様なプログラムの提供と個人の選択の拡大

　新自由主義的な教育改革は一般的に既存の公教育が抱える非効率性や質の問題を批判し、創造性や効率性、卓越性の向上のための教育改革の必要性を全面的に打ち出しながら、国レベルにおける教育改革案の設定や学校間の競争体制の導入、消費者の選択権を重視する市場原理の導入を通して推進されることが多い。本書が実施した全ての学校調査においても、放課後学校は従来の公教育を補完することを目的とし、多様なプログラムの導入や個人の選択の拡大という側面が強く現れていた。

17　チョン・ボソン（2001）「新自由主義教育改革の政策と問題点」『進歩連帯』《韓国語文献》。

区分	小	中	高	合計	過年度の状況				
					2017	2016	2015	2014	2013
実施校（校数）	6,228	3,172	2,346	11,746	11,791	11,775	11,740	11,686	11,397
比率(%)	99.8	98.0	99,4	99.2	99.6	99.7	99.9	99.9	99.9
参加者数（千人）	1,603	466	865	2,934	3,371	3,648	4,070	4,469	4,678
比率(%)	59.3	34.9	56.4	52.6	58.9	62.1	66.9	71.2	72.2

　詳しくは、放課後学校の全国における実施状況（図表24）をみると、2018年現在、放課後学校の実施率は平均99.2％（小99.8％、中98.0％、高99.2％）となっている。一方、参加者は約467万人（2013年）から293万人（2018年）へ、参加率は72.2％（2013年）から52.6％（2018年）へと、2割ほど減少していることがみてとれる。その理由については次節で詳しく検討するが、図表24からは、放課後学校は殆ど全ての学校で実施されているものの、参加者・参加率ともに年々減少の一途をたどっており、特に中学校の参加率は35％程度に留まっていることがわかる。

　また、図表25は放課後学校の実施内容を教科（学習関連）と特技・適性（音楽や美術、体育等）に分けて示しているものであるが、学習関連と特技・適性プログラムの割合は、小学校では1：3、中学校では1：1、高校では17：3となっており、学校レベルが上がるにつれ、学習関連のプログラムが主流を占めている。しかしながら、教科（学習関連）のプログラムは323,888個（2013年）から167,907個（2018年）へと5年間で半減しており、特技・適性プログラムも246,433個（2013年）から196,192個（2018

18　教育部ホームページ「放課後学校運営現況2018年度」《韓国語文献》「https://moe.go.kr/boardCnts/view.do?boardID=316&boardSeq=76304&lev=0&searchType=null&statusYN=W&page=1&s=moe&m=0302&opType=N（最終アクセス2020年5月24日）

年）へと減少している。放課後学校は参加者数みならず、プログラム（特に学習関連）の数も年々縮小傾向にあることがみてとれる。

図表25　放課後学校のプログラムの実施状況（2018年）[19]

区分		小	中	高	合計	過年度の状況				
						2017	2016	2015	2014	2013
教科・学習	合計	46,189	25,600	96,109	167,907	219,488	238,916	255,079	294,396	323,888
	比率(%)	23.1	49.2	85.9	46.1	50.0	52.7	53.6	54.7	56.8
特技・適性	合計	153,977	26,393	15,822	196,192	210.847	214,475	220,611	243,712	246,433
	比率(%)	76.9	50.8	14.1	53.9	50.0	47.3	46.4	45.3	43.2
合計	合計	200,175	51,993	111,931	364,099	420,975	453,391	475.690	538,108	570,321

　本書では、以上の政府資料の内容を参考にしつつ、運営実態の確認を目的とし、ソウル市の小学校（2カ所）と江原道束草市の小学校（1カ所）・中学校（1カ所）の教師や放課後学校のコーディネーターを対象にインタビュー調査を行った。調査の結果、すべての調査校において多様なプログラムが提供されており、毎年のプログラムを決める際には保護者や子どもへの意見調査を徹底し、受講者のニーズに合わないと判断されたプログラムはすぐに廃止されていた。保護者や子どもは、まるで「デパートで陳列されているものを選ぶかのように」[20]プログラムを選んでおり、また「満足度調査」という事後評価も徹底され、「教育消費者」のニーズの充足という側面が顕在化していることがわかった。

19　教育部ホームページ「放課後学校運営現況2018年度」《韓国語文献》「https://moe.go.kr/boardCnts/view.do?boardID=316&boardSeq=76304&lev=0&searchType=null&statusYN=W&page=1&s=moe&m=0302&opType=N（最終アクセス2020年5月24日）

20　ハン・マンギル（2018）「脆弱集団のための教育福祉政策は進化できるのか」『教育福祉優先支援事業ニュースレター3号』中央教育福祉支援センター《韓国語文献》。

撮影：筆者

ソウル市B小学校（児童が作った放課後　　　　　江原道K小学校（お描き教室）
学校を宣伝するポスター）

　また、図表27は調査校における放課後学校の実施内容を示しているが、ソウル市の方（大都市）が江原道草束市（地方小都市）よりも学習関連のプログラムが充実しており、両地域におけるプログラムの内容や質に違いが生じている実態が浮き彫りとなった。その理由一つとして、ソウル市は放課後学校について受益者負担の原則に基づき事業を進めており、ネイティブによる英会話や高次の思考力を育成する算数プログラムなど、質の高い内容を提供できる仕組みを作っていた。これに対し、江原道の場合は、放課後学校の運営費が学校運営費で賄われることとなり、放課後学校のプログラムは基本的に無料で受講できるようになっていた。このような違いは事業の地方移譲に伴い、各地方の判断により放課後学校の実施内容が決められるためであるが、地方小都市である江原道束草市の場合は、無料でプログラムが提供されてはいるものの、英語や算数等の学習関連の補習プログラムは殆ど実施されていない現状があった。

・ソウル市初等学校（2016年3月時点、1,801名在籍）：
論述、*漢字*、*速読*、*特殊算数*、そろばん、*世界の文化*、*歴史論述*、*生命科学*、ロボット作成、*航空科学*、バイオリン、フルート、笛、クリエイティブ・アート、ビーズ工芸、粘土、折り紙、バスケットボール、ドッジボール、縄跳び、バドミントン、サッカー、野球、ダンス、声優、囲碁、マジック、*中国語*、*建築教室*、*英語*

・ソウル市B初等学校（2019年9月時点、840名在籍）：
（月）*クリエイティブ科学実験*、*建築教室*、バドミントン、*3Dスチームペン*（*科学的な組立作業*）、*融合科学教室*、*ロボット教室*、バイオリン、K-Popダンス（火）バスケットボール、製菓（水）*テーマ歴史*、*韓国の歴史*、*漢字*、サッカー、クッキング（木）そろばん、*生命科学教室*、フルート、射撃、バドミントン（金）ロボット教室、ミニアチュア作成、囲碁＆チェス、絵画、*算数*（土）*論述*、囲碁、スポーツ、工芸　（週2〜5回）*英会話*

・江原道（草束市）K初等学校（2019年9月時点、919名在籍）：
マジック、バイオリン、ダンス、音楽バンド、*歴史教室*、料理教室、フットサル、コーディング、クッキング

・江原道（草束市）A中学校（2019年5月時点、594名在籍）：
時事情報、卓球、バドミントン、バスケットボール、フライングデスク、*C言語プログラミング*、*日本語*、ギター

　江原道東草市において学習関連のプログラムが殆ど実施されていない現状について、三人のインタビュイー（学校管理職、放課後学校のコーディネーター、教師）は、以下のように述べている。

○ 江原道東草市A中学校の教頭先生（50代、男性）：
「放課後学校は強制参加ではありませんので、どうしても面白いプログラムに人が集中してしまいます。以前のように英語等、補習授業を行ってもプログラムの質の問題もあり、人が集まらなくなったし、何よりも学生が希望しなくなったことが挙げられます。選択権を学生に与えていますから、自分が面白いと思うプロ

グラムしか受けようとしません。<u>個人的に塾に通っている子も多いと思います」</u>（下線は筆者）

〇 江原道束草市K初等学校の放課後学校コーディネーター（30代、女性）：

「放課後学校はご存知の通り、親と子どもへの事前アンケート調査によってクラスの内容が決まりますが、3〜4年前と比べると、<u>親の要望が変わってきています。以前は学習関連のプログラムを好んでいましたが、今はスポーツや音楽、美術のプログラムを希望する人が多いです。高学年になると、結局塾に行かせるようになるので、</u>放課後学校では学習よりも体験中心のプログラムを実施してほしいと思っているからです。もちろん、コンピューターのコーディングや歴史教室のように人気のある学習プログラムも存在します。しかし、基本的には無料ですし、市・道からの支援金も十分ではないため、<u>講師の質はどうしても民間には及ばない</u>と思います」（下線は筆者）

〇 江原道束草市K初等学校の教師（50代、女性）：

「放課後学校で英語などの学習プログラムが実施されていないのは、人気がないからです。<u>殆どのプログラムが遊び中心</u>となってしまって、正直、教師として疑問を感じることも多々あります。というのも、今年、8年ぶりに小学校1年生を担当していますが、以前と比べたら、学力がだいぶ落ちてきているのがすごく分かります。<u>放課後学校が基礎学力の保障の手段として利用できなくなったのが残念でなりません」</u>（下線は筆者）

以上のインタビューより、江原道束草市の放課後学校の場合は、英語等の学習プログラムに対するニーズがそれほど高くなく、依然とし

て私教育へ依存度が高くなっている実態が垣間見られた。また、三人のインタビュイーともに近年、親や子どもが希望する放課後学校のプログラムの内容が変わってきていることを指摘しており、放課後学校が私教育機関（塾）に代わって放課後の学習支援を行うことの限界を示唆している。これについては、2018年の私教育費調査でも明らかになったように[21]、放課後学校が導入されてからも私教育費は年々上昇しており、放課後学校による私教育費の軽減効果は限定的と推察される。さらに、今回の調査では新自由主義の影響をうけている地方分権化によって、各地方のニーズに即した施策が可能となる一方で、格差是正の取組みである放課後学校において、大都市と地方小都市の間では提供されるプログラムの内容や質に違いが生じており、更なる格差を生む可能性があることが示唆された。

(2) 個々の学校における自律的な学校経営の推進

放課後学校は2008年の「4・15学校自律化措置」により、各学校の校長が学校の状況や子ども・保護者の要望を踏まえ、学校運営委員会の審議を経ることを前提に自由に運営できるようになった。図表28は、本書の調査校であるソウル市I初等学校において、実際に校長に宛てられた放課後学校のチェックリストであるが、その内容から放課後学校に関する校長の責任を確認することができる。まず、校長は児童生徒や保護者からのニーズの調査や時間内での実施、情報公開など、効果的な放課後学校の運営とともに、委託先の選定や学校の運営委員会との調整、子どもの安全確保など、公平かつ安全な放課後学校の運営に責任を持つことが確認できる。

21　韓国統計庁（2018）『小中高私教育費調査結果』。

| 図表28 | 放課後学校の運営に関するチェックリスト（校長先生用） |

項目	チェックリストの内容	確認結果		
		YES	NO	該当なし
児童や保護者の要望調査	児童や保護者を対象に事前に開設するプログラムに関する要望を調査しましたか			
学校運営委員会による審議	放課後学校の年間計画に対する審議は受けましたか			
	教材・材料購入に関する審議は受けましたか			
	放課後学校の委託運営に関する審議は受けましたか			
放課後学校の運営計画	プログラムの運営時間は、学生の健康または学校教育課程の正常な運営を妨げるようなものですか			
	児童の安全指導に関する計画は含まれていますか			
	放課後学校の運営状況に関する情報公開は計画されていますか			
委託の状況	委託（業界・講師）に関する公示や選定のプロセスは適切ですか			
	（講師に対する）性犯罪や児童虐待に関する前科を照会しましたか			
	ネイティブスピーカーの資格要件を調べましたか			
その他	支出はガイドラインに沿って計画されていますか			
	放課後学校のNIES改編システムを活用していますか			
	新学年が始まる3月に開校日を予定していますか			

加えて、放課後学校の運営事項については「学校運営委員会」の審議を受けることが前提となっているが、田中[22]も指摘しているように、学校運営委員会は放課後学校への関与を通じて、地域社会と学校の連携を活発化させていることが見えてきた。以下は、ソウル市I初等学校における学校運営委員会の議事録の一部であるが、放課後学校の運営について、次のようなことが議論されていた。

ソウル市初等学校　学校運営委員会の議事録（2015年6月9日）：

（2015年度の放課後学校事業の支援に関する運営計画）

1. 目的：平日・土曜に放課後学校の活性化を図って、文化・芸術・スポーツなどの多様なプログラムを提供し、学校週5日の実施に伴う保護者の保育に関する負担を軽減し、私教育費を減らすことを目指す。

2. 運営方針:放課後事業費として10,000,000ウォン（約100万円）を支援する。

　担当補助（ボランティア）のための人件費、講師料、低所得家庭の子どもの受講料支援、土曜放課後学校の運営費支援のための予算を確保する。

3. 詳細な運営計画

放課後学校の補助（ボランティア）の人件費支援（5,000,000ウォン）

　金額：500,000ウォン×10か月＝5,000,000ウォン

　運営期間：2015年3月〜2016年2月（8月、1月を除く）

低所得家庭の子どもの支援

　自由受講券制度の対象外とされた児童（20〜30名）の中から、土曜放課後学校の受講を希望する児童に対して、1期あたりに

22　田中光晴（2014）「地域による学校支援活動の事例：韓国の学校運営委員会と放課後学校」『東北大学大学院教育学研究科教育ネットワークセンター年報』(14)、pp.35-45。

１科目の無料受講を補助する。

土曜放課後学校の運営支援

　・児童一人につき、月10,000〜20,000ウォン（3期、4期）の受
講料の補助を行う。

　・土曜放課後学校の運営部門（13プログラム）：ギター（1＆
2）、ウクレレ、ドラム、バドミントン、メンサ頭脳ゲーム、リボ
ン工芸、正しい体形のための教室、製菓、教育マジック、キッズ
クッキング、チェス、ゴールドバーグ融合科学

　・土曜の放課後学校の予算の不足により講座の開設が困難な場
合は、「放課後活性化支援金」を弾力的に運用することを許可
する。（下線は筆者）

　議事録からは、学校運営委員会は放課後学校の運営全体に関わって
おり、ソウル市初等学校の場合は、特に財政的な支援に関する議論が多
くなされており、例えば、低所得家庭の子どもへの支援については、教
育部の指定から外れた貧困児童への追加支援策を検討するなど、積極的
な関わりを見せている。これは、従来の中央主権的な学校運営とは異な
り、個々の学校レベルで多くのことが決定されるようになったことの表
れともいえる。

　ただ、このような学校の自律性の強調は、親や生徒のニーズの重視だ
けではなく、学校選択制や学校評議員制、民間人校長等と同じく、競争
と経済的な合理性を追求しながら、従来の学校経営の枠組みをリストラ
クチュアリングする新自由主義の側面を併せもつ[23]。なお、このように個
々の学校を中心として実施される放課後学校については、教師への負担

23　辻野けんま（2005）「ドイツの学校監督と学校の自律性--学校経営体制の史的変遷」『福祉社会
　研究』（6）、p.75。

増がしばしば問題とされているが[24]、本書の調査においても、教師への負担の様相が明らかとなった。以下はソウル市I初等学校で行った聞き取り調査の一部である。

・聞き取り調査1：放課後学校の総責任者
（Y先生、40代、教師経歴25年、放課後学校責任者1年目）
筆者：放課後学校を担当することになったきっかけは何ですか？
Y先生：ボランティアでした。
筆者：現在放課後学校を進める上で、一番大変なところは何ですか。
Y先生：委託先とのコミュニケーションの問題ですかね。それから、子ども達に質の高いプログラムを提供し、常に満足度をあげていく必要があります。
筆者：現在、自由受講券制度の対象となる児童の参加はどうでしょうか。
Y先生：学校全体での参加率は高くない方だと思います。元々学習に関する意欲が低いこともありまして…。また、他の習い事と重なることもあります。
筆者：自由受講券を利用する児童はどのようなプログラムを受けていますか。
Y先生：算数や国語といった学習関連よりは、音楽・美術・体育・英語などの方が多いという印象があります。
筆者：現場の担当者として、自由受講券制度の効果をどのように考えていますか。
Y先生：何よりも経済的な支援ですので、私教育費が軽減されていることは間違いないでしょう。

---

24 キム・ヒョンソン（2015）「単位学校『教育福祉優先支援事業』の施行事例分析:Lipskyのストリートレベルの官僚制理論を中心に」ソウル大学修士論文《韓国語文献》。

筆者：自由受講券制度の改善点があるとしたら？

Y先生：今年は一人一律60万ウォンの給付がありましたが、もっと公平な支援のやり方はあると思っています。（下線は筆者）

・**聞き取り調査2**：放課後学校の担当教員

（H先生、30代、教師経歴10年、放課後学校担当２年目）

筆者：放課後学校を担当することになったきっかけは何ですか？

H先生：学校の業務として割り当てられました。

筆者：現在放課後学校を進める上で、一番大変なところは何ですか。

H先生：保護者や委託先との調整を煩雑に感じることは多々あります。また、事務的なことが多すぎて、授業を準備する時間の確保が難しいです。

筆者：現在、自由受講券制度の対象となる児童の参加はどうでしょうか。

H先生：私が受け持っているクラスに限っていえば、80％以上の参加率で、比較的いい感じです。

筆者：自由受講券を利用する児童はどのようなプログラムを受けていますか。

H先生：パソコンや英語が多いですが、他にも色々と受けています。

筆者：現場の担当者として、自由受講券制度の効果をどのように考えていますか。

H先生：低所得家庭の子ども達も学習活動に活発に参加できる機会を確保できるという点で優れていると思います。平等な学習の機会が得られるのではと思います。

筆者：自由受講券制度の改善点があるとしたら？

H先生：新学期の前に、ある程度、児童の名前やバックラウンドなどを知ることができたら、より効果的な指導ができると思って

います。（下線は筆者）

　以上の聞き取り調査から、二人の現職教員は現場の担当者として、委託先や保護者との調整業務など、放課後学校の運営に直接携わっていることに負担を感じており、その多忙さから正規の授業にも悪い影響を及ぼしていることがうかがえた。これは教師の負担増を放課後学校の課題として指摘している先行研究とも一致する内容であり、また「自由受講券」制度については、私教育費の軽減や学習意欲の向上などについて、一定の効果があることがわかった。

(3)　民間との「市場原理」のネットワークの形成

　2004年に教育人的資源部（現教育部）の「公教育正常化のための私教育費軽減対策」の一環として始まった放課後学校は、それまでに独立に存在していた公教育と私教育（学校外教育）をリンクさせるきっかけとなった。すなわち、放課後学校は、私教育による格差の解消に向けて、私教育市場における人材やコンテンツを公教育制度に取り込むことで、公教育制度の改善を図る試みとしての意義がある。

　放課後学校は2018年現在、全国の小中高の約99.2％で実施されている。また、内部講師（現職教員）と外部講師（民間委託）の割合は8.3％：91.7％（小）、61.9％：38.1％（中）、90.5％：9.5％（高）となっており[25]、小学校では外部講師が、高校では現職教員が主流を占めている。放課後学校は原則として個々の学校の方針によって自由に運営できるが、現状としては、17の市・道教育庁が共同で作成している「放課後学校の運営ガイドライン」という運営指針に沿って事業が行われており、全国において運営方式に大きな差は見られない。すなわち、国から地方への移譲が放課後学校の多様な運営形態に繋がったとは言い難く、同じ

25　教育部（2018）『2018年度放課後学校運営現況統計』《韓国語文献》。

く地方移譲を通して地方によって異なる取組みが導入されるようになった教育福祉優先支援事業（第4章）とは異なる傾向を持つ。なお、図表29は現職教員と民間委託によって行われる放課後学校の運営形態を図式化したものである。

図表29　放課後学校の運営形態（筆者作成）

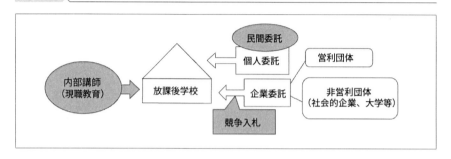

　2018年の運営実態をみると、民間委託をしている学校は、小（35.8%）、中（8.5%）、高（2.5%）であり、営利団体および非営利団体が実施するプログラムが全体に占める割合はそれぞれ7.3%、4.7%となっている。また、2016年に教育部の指針により、民間委託に対する最低価格落札制度（競争入札）の導入が義務化され、2017年の平均落札価格は、2014年と比べ8.5%下がった。それ以降は、営利団体・非営利団体ともに放課後学校への参入が増加しており、特に営利団体が実施するプログラムの数は17,300（2013年）から27,162（2017年）へと増加している。本書の学校調査においても、ソウル市と江原道（草束市）ともに、個人や企業への入札を通じてプログラムを決定している実態が確認できたが、その一方で、利益追求を目的としている民間営利団体への委託は、不安定な運営のみならず、サービスの低下をもたらしているとの批判も根強い[26]。

　以上の内容を踏まえ、放課後学校で形成されているネットワークの意義と限界を考察すると、以下の通りである。第一に、放課後学校は大学

---

[26] 韓国調達研究院（2017）『放課後教育標準化研究』。

や社会的企業など、民間の資源やノウハウを学校内へ呼び込むことに繋がった。もとより韓国政府は「大学主導の放課後学校における（予備）社会的企業育成政策」（2012年）という方針を打ち出し、大学の関与を通して放課後学校に向けられていた「委託経営による別の形での私教育」や「正規教育課程との分離現象」といった批判を交わそうとした[27]。同じく教育寄付事業を通して、民間企業や公共機関等が非営利団体の形で放課後学校に関わるような政策を推進し、放課後学校における公共性の担保を図っていた。こうした流れを受け、実際に民間企業が作った「釜山幸せな学校財団」や「サムソン社会奉仕団ドリームクラス」、「現代自動車ジョンモング財団オンドリームスクール」などの社会的企業は、放課後学校における寄付事業を行うようになった。端的に言えば、放課後学校は、従来「自己完結型」とされていた学校に民間の資源が入るきっかけとなったのである。

　第二に、大学や社会的企業の参加を通して、放課後学校における公共性の向上を図ろうとしたものの、そもそも放課後学校は私教育に代わる低廉なプログラムの提供を主な目的としており、それによって形成されたネットワークも利益追求（市場原理）の性質を持つ。基本的には、参加する営利・非営利団体ともに学校との金銭的なやり取りを前提としており、先述の競争入札制度の導入により、民間委託によって提供されるプログラムの質も年々低下しているとの指摘がある。つまるところ、新自由主義の教育改革の影響を受けて導入された放課後学校は、「学校教育の場に教育サービスの供給を調整する市場原理を導入して、個性の異なる子どもや親の多様な希望・需要に応じた教育サービスを供給しようする取組み」[28]であり、そのような目的で形成されたネットワークも利益追求を目的としている点で「市場原理」の側面が強い。しかしながら、このような「市場原理」のネットワークによる放課後学校は、教師の負担増や正規教育

27　忠北大学校社会科学研究所（2014）『大学主導放課後学校（予備）社会的企業事例集』p.7《韓国語文献》。

28　亀山守夫（2014）「教育改革」『千葉商大論叢』52(1)、p.212。

課程への悪影響、入試対策中心のプログラムの運営等の問題を露呈している[29]。

第三に、「市場原理」のネットワークによって運営されてきた放課後学校は、近年は「革新教育地区事業（革新学校）」の影響を受け、ソウル市等においても自治体や地域住民が中心となって運営する新しい形の「マウル（地域）放課後学校」への変化が見られる。詳細は第5節に譲るが、もともと「革新教育地区事業」は教育の個人化や商品化といった新自由主義的な政策に抗い、学習者中心の学びや「マウル（地域）教育共同体」の構築を政策理念としており、その中における「マウル（地域）放課後学校」では、従来の「市場原理」のネットワークとは異なる、より公共性の高いネットワークの構築が目指されている。

第4節   「先行学習禁止法」に見られる放課後学校の
公共性に関する課題

韓国では2014年9月より「公教育正常化促進および先行教育規制に関する特別法」（以下、「先行学習禁止法」）が施行され、小中高の正規の教育課程および放課後学校における全ての先行学習が禁止されるようになった。「先行学習禁止法」は、学校教育における先行学習を規制することによって公教育の正常化を図るとともに、学校教育が私教育における先行学習を助長しないことを目的として制定されたものである[30]。これまで韓国においては、政権が変わる度に「公教育の正常化」ないし私教育費の対策が重要な政策課題として議論され、中央政府（教育部）は「公教育の診断および充実化対策（2002.3.18）」や「公教育正常化を通した私教育費軽減対策（2004.2.17）」、「私教育のない学校と学校教育力の

29　ソウル特別市議会（2017）『マウル放課後学校プログラムの活性化方案の研究』p.37《韓国語文献》。

30　教育部（2014）『公教育正常化法の施行、どのように適用されるのか：公教育正常化の促進および規制に関する特別法マニュアルブック』p.9《韓国語文献》。

促進方案（2009.2.27）」など、様々な対策案を打ち出してきた。これらは往々にして、公教育の危機の原因を私教育の拡大に求め、私教育費の軽減に重点を置く対策案といえる。その一方で「先行学習禁止法」は、私教育ではなく公教育の改革に焦点を当てること、すなわち公教育への規制を通じて学校教育を充実させ、公教育を再建しようとする試みとして捉えることができる。

　2014年9月より施行されている「先行学習禁止法」は具体的な内容として、第1条に小中学校の教育課程の正常化を図るために「教育関連機関」における先行教育ないし先行学習の誘発行為を規制すること、第2条に小中学校に限らず高等教育機関までその対象を広げ、大学入試が先行学習の原因になっている現状認識の下、実効性を担保しようとしている。但し、規制の対象を公教育機関に限定し、私塾（학원ハクウォン）などの私教育機関については、先行学習を誘発するような宣伝行為のみを規制の対象としている。これは憲法で保障される職業選択の自由や幸福追求権を侵害しないためであり、それ故に私教育市場に対する規制の効果は限定的なものに留まった。

　言うまでもなく、小中学校の学校教育課程の編成・運営・評価において先行学習を全面禁止することや、大学入試においても高校の教育課程の範囲を守るように規制を行うのは、子どもの学習負担の軽減には有効と思われる。しかし、先行学習の問題は、韓国社会の競争激化の中で生まれた現象であり、単に学校だけを規制の対象としながら解決策を探るのは限界があったと考えられる[31]。そもそも「先行学習禁止法」の導入については、「私教育心配（사교육걱정）」[32]という市民団体の活動が決め手となったが、同団体は2012年に記者会見を開き、当時の大統領候補に対

---

[31] 『朝鮮日報』（「殻だけが残った先行学習禁止法」2015年3月19日付）《韓国語文献》。

[32] 「私教育の心配のない世の中（사교육 걱정없는 세상）」という団体は、「全教組」という左派の教員組合の政治的理念に反発し、2008年6月に結成された市民団体である。ユン・ジヒ氏が運営していた保護者団体と、ソン・インスウ氏が代表をつとめるクリスチャンの教員団体「良い教師運動の会合（좋은 교사운동모임）」が一つになった市民団体として、2017年現在、会員の数は4500人に上る（『月間朝鮮』2017年8月22日付）。

し、先行学習禁止法の制定を選挙公約に取り入れることを強く求めた。その結果、3人の有力な大統領の候補が先行学習の禁止を選挙公約に取り入れ、朴槿恵大統領が当選した後、短期間で法律化された経緯をもつ。

　もとより韓国における教育政策は、行政府（教育部）や大統領のリーダーシップによってトップダウン型で進められるケースが多いが、「先行学習禁止法」に限って言えば、これまでの競争中心の教育システムに対する抜本的な変革を求める市民団体（民間主導）が最も重要な役割を果たしていたことにより、2年足らずで立法化に至った[33]。しかし、「先行学習禁止法」の実施をめぐっては、教育部も「放課後学校において教育のニーズが満たされなくなることは、私教育の拡大に繋がる恐れがある」と認めており[34]、現実的に先行学習に関するニーズが存在している中、その全てを禁止することは、かえって私教育を助長することに繋がり、結局のところ、施行から2年も経過しないうちに法律の改正に踏み切ることとなった。法律改正の主な内容は、へき地（農山漁村）および大統領が指定する都会の貧困地域の放課後学校に限って、中・高における先行学習を許可すること、またその期間を2025年2月までに延長するといった内容であった。

　また、2014年の「先行学習禁止法」の施行以来、英語の先行学習禁止は世論の強い反発を受け、その実施ができずにいたが、2018年に全面実施に踏み切った。しかしながら、2019年3月に新しい教育部長官の判断により、再び放課後学校における小1・2向けの英語プログラムが実施可能となった[35]。歴史的にみると、韓国は発達した公教育制度を持ちながらも、常に「公教育の正常化」が俎上に上がってきたが、それは私教育セクターの圧倒的な拡大に起因するといえる。私教育セクターの市場規模は地下経済まで含めると、33兆ウォン（約3兆円）に上ると推定され[36]、韓国の

33　イ・スンホ、シン・チョルギュウ（2015）「先行教育禁止法の政策決定過程における政策ネットワークの分析」『教育行政学研究』第33巻、第2号、pp.73-77《韓国語文献》。

34　女性新聞「先行学習禁止から一年、変わったことはない」2017年11月15日付《韓国語文献》。

35　『中央日報』（「初等学校1〜2年放課後の影響が許可される：先行学習禁止法の改定」2019年3月13日付）《韓国語文献》。

36　京郷新聞「パク・クァンオン議員、過去5年間の私教育費の地下経済は97兆円」2015年9月10日付

中央政府や政治家らは、しばしば大学入試制度の改革を通じて私教育の抑制と公教育の再生を目指してきた。しかしながら、これらの入試改革案は私教育市場の抑制にはそれほど効果がなく、かえって「意図せざる結果（unintended consequences）」として、大学入試制度が変わる度に新しい形の私教育市場が作られてきた経緯がある[37]。言いかえるならば、従来の公教育制度が新しい入試制度に柔軟に対応できなかったことから、私教育市場の拡大を招いてきた側面があり、その点、放課後学校は保護者や子どもの教育的なニーズに「弾力的に」対応できる新たな手段として期待されていた。しかし、「先行学習禁止法」の導入によって放課後学校が持つそのような「柔軟性」や「弾力性」は著しく制限されることとなり、また「先行学習禁止法」の実施によって、放課後学校の参加率は低迷し[38]、前節でも触れている通り、2013年に 72.2%であった参加率は、2018年には52.6%までに下がり、特に高校生の参加率は72.3%（2013年）から52.6%（2018年）へと、20%も低くなっている。

図表30 一人当たりの私教育費の月平均（単位：万ウォン）[39]

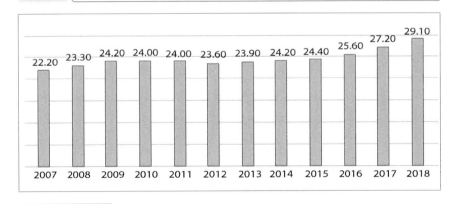

《韓国語文献》。

37　ヨ・ヨンギ、オム・ムンヨン（2015）「私教育の進化の様相と原因を通してみた公教育正常化の方向」『教育総合研究』Vol.13、No.4、pp.157-183《韓国語文献》。

38　ハンギョレ新聞「先行学習の禁止により、休み中の放課後学校の申し込み急減」2014年12月22日付《韓国語文献》。

39　『国民日報』2019年3月13日付《韓国語文献》。

加えて、図表30は一人当たり私教育費の月平均であるが、2018年は2017年と比べて約7％も増加しており、放課後学校の実施が私教育費の軽減に貢献していない可能性が示唆される。実際に2018年現在、小中高校における私教育費の総額は約19兆5千億ウォン（約1兆9千億円）であり、前年度と比べて4.4％増加しており、また私教育への参加率は72.8％（前年度より1.7％増加）、参加時間も6.2時間（前年度より0.1％増加）となっており、依然として高い水準となっている[40]。

　「先行学習禁止法」に関する以上のような一連の出来事は、私教育を公教育の中に取り込むことによって、平等な教育機会の実現を目指した放課後学校が、大学入試制度などの根本的な改革なしでは、私教育対策として不完全なものであることを浮き彫りにした。また、放課後学校は国民の公教育に対する選択権の拡大や満足度の向上といった肯定的な側面はあるものの、私教育費の軽減の効果は限定的であり、「私教育」を学校で購入できる商品（サービス）として公教育に取り込んだことで「教育権を全ての子どもに保障する社会的制度として発展してきた学校教育」[41]において、私事性や利益性追求を優先することで、公教育における公共性に自己矛盾が生じている現状が示された。

第5節　「マウル（地域）放課後学校」という新たな動き

　2004年に私教育費の軽減や公教育の補完、教育格差の解消等を目的として導入された放課後学校は、「先行学習禁止法」の施行等により参加率が低迷しており、これまでの量的な拡大ではなく、質的な充実・転換の時期に差し掛かっている。これまでの放課後学校の効果に関する先行

40　統計庁報道資料2019年3月12日『2018年小中高の私教育費調査結果』《韓国語文献》。

41　藤田英典（2009）「子どもの生活環境・教育機会の劣化・格差化と国家・社会の責任」『日本教育学会大會研究発表要項』68、pp.78-79。

研究からは、放課後学校への参加と私教育費の軽減の相関について相反する結果が示され、また放課後学校の効果についても参加者の満足度や参加率を提示している研究が主流を占めており、具体的な効果検証が十分に行われているとは言い難い[42]。このような状況のもと、2015年以降、放課後学校が抱える諸課題に対する解決策として登場したのが、学校ではなく、マウル（地域）が運営する「マウル（地域）放課後学校」である。その背景として、2017年よりソウルをはじめ京畿道や江原道等において進められている「マウル教育共同体（마을교육공동체）」の影響がある。「マウル教育共同体」とは、公教育の刷新を目指す「革新教育地区（革新学校）」事業の一環であるが、本節では、まず「革新教育地区」事業について概観した後、行政機関（ソウル市庁）の政策担当者へのインタビューや学校調査の内容に基づき、「マウル放課後学校」の導入による変化を検証する。

(1)　「革新教育地区」事業における「マウル放課後学校」

歴史的にみると、韓国における教育政策は国が中心的な役割を果たし、その方向性としても競争を重視する新自由主義的な市場原理の色合いが強かった。一方、こうした国主導の教育政策を批判し、学校が抱える様々な問題の解決に向けて、教職員組合運動や「小さな学校運動（작은 학교운동）」など、具体的な取組みが学校現場や民間レベルで絶えず展開されてきた。これらの実践が国主導の教育政策の方向への歯止めとなり、公教育改革の構想に大きな影響を与え、政策の基盤となる新たな動きが本格的に始まったのが、第2章第2節でも取り上げている2010年の教育監の直接選挙である[43]。

42　ソウル特別市議会（2017）、前掲書。

43　アン・ウンギョン（2013）「現代学校改革と教育政策に関する研究：韓国・京畿道の『革新学校』政策の分析を中心に」早稲田教育学研究（5）、pp. 33-55。

教育行政における地方分権化が進む中、「革新学校」という取組みが「進歩」派の教育監による地方教育行政の代表的な学校改革として登場したのである。地方によって名称や実施内容が多少異なっているものの、学校全体における「革新」を通じて公教育の刷新を図る取組みとして位置付けられる。具体的な「革新」の理念をみると、これまでの権威主義的で画一的な学校文化とは異なり、子どもの学びや成長を中心に据えた学校運営や教育課程の編成、学校運営の自律化や学校の小規模化、構成員間の民主的なコミュニケーションや自発的な参加・協力体制の構築等が重視される。また、地方教育行政機関（教育庁）は行財政の支援を通じて「革新学校」の現場を支える仕組みとなっている。言いかえるならば「革新学校」は、教育方法の多様化や序列化された「学力」を超えた能力の開発や、学校における学びとケアの強化、公教育における卓越性と公正の同時追求等を理念としており、これらは教育の個人化や競争を重視する新自由主義的な教育改革とは異なる方向性を持つ。

　このようなオルタナティブな政策理念が教育制度として初めて登場したのは、2010年に京畿道で始まった「革新学校」である。これは2009年に実施された教育監選挙の選挙公約が実現したものとして[44]、それ以降、「進歩」派の教育監が多数当選したことで「革新学校」の取組みは、2018年10月現在、全国すべての地域において1,525校で実施されている。こうした中、「革新学校」の更なる普及を目的とし、いくつかの地域で「革新教育地区」という事業が推進されるようになった。「革新教育地区」事業は当初は「革新学校」の定着・普及を主な目的としていたが、時間が経つにつれ、一般行政と教育行政が協力して学校と地域社会の連携を模索する事業として、その性質が変化する。すなわち、「革新教育地区」事業を進めていく中で、マウル（地域）が中心となって民主的な教育プログラムを展開し、「マウル（地域）教育共同体」運動が本格化したのである。「マウル教育共同体」については、「教育活動を中心に

44　ベリタス・アルファ新聞、2018年10月12日付《韓国語文献》。

学校とマウルが役割を分担し、教育という共通の目的を実現するための共同体」[45]や「学校教育における能力向上や地域社会の発展のために、学校、マウル、教育庁、自治体、市民社会、住民などが協力して連帯する教育共同体」[46]等の定義が存在する。「マウル教育共同体」の構築にあたり、放課後における教育とケアについても地域の教育力を活かした取組みの必要性が度々議論されるようになり、「マウル放課後学校」という新たな取組みの導入に至った[47]。

　ソウル市の場合、2012年より「革新教育地区」事業が実施されている。「ソウル型革新教育地区」については、「学校・教師・親・地域社会が相互にコミュニケーションを行いながら、参加・協力する教育の共同体の構築を通して、学びとケア（ドルボム）への責任を果たし、全人教育を目指す学校として、学校運営の革新や教育課程および授業の革新、共同体文化の活性化を核心課題とする」[48]ことを目標として打ち出している。換言すれば、「ソウル型革新教育地区」の政策理念は、「マウル教育共同体」の構築を通じた公教育の刷新ないし教育を中心に据えた「地域社会の共同性の回復」であり、その中で「マウル放課後学校」は、そのような理想を具体化するための一つの手段として捉えられ、マウルと学校の連携事業は2017年から「革新教育地区」事業の必須課題となった。

　一方、「マウル放課後学校」の導入により、既存の学校主導の放課後学校に対する考え方を変えることや、学校と自治体、マウル（地域）の協働のあり方を模索する必要性が高まってきている。これについて、ソウル市教育庁は、9区の自治区における現場の実践から、図表31のよう

45　キム・ヨンチョル他（2016）『マウル教育共同体に関する海外事例の調査および政策方向の研究』京畿道教育庁研究院《韓国語文献》。

46　ソ・ヨンソン他（2015）『マウル教育共同体の概念定義と政策方向の樹立に関する研究』京畿道教育研究院《韓国語文献》。

47　キム・ヨンリョン（2019）「終日ドルボムのための地域教育エコ体系の構築：マウルプラットフォームの構築方案」政策フォーラム資料集、pp.3-13、韓国教育開発院《韓国語文献》。

48　イ・ヘスク（2018）『ソウル型革新教育地区事業の発展戦略』ソウル研究院政策レポート《韓国語文献》。

なモデルを抽出し、既存の放課後学校をベースに自治体が協力する「学校支援型」という初期モデルに加え、実施主体が学校から自治体に移される基本モデルⅠ（「自治体運営型」）や、自治体が協働組合に放課後活動を委託する基本モデルⅡ（「協働組合中心型」）など、異なる形の「マウル放課後学校」が併存している現状を明らかにしている[49]。

図表31 「マウル放課後学校」における学校・マウル・自治体の関わり方[50]

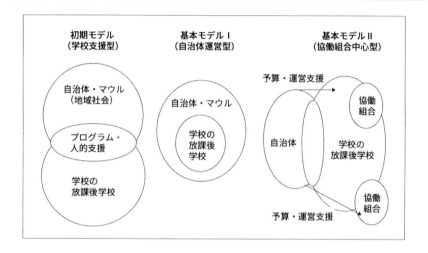

このような違いは、それぞれの自治体や学校、地域社会が置かれている状況が異なることから生じるものといえるが、その一方で、三つのモデルともに「教育の公共性の確保」のほか、「マウル共同体の形成」のためには、学校のみならず、地域社会も放課後の活動に責任を果たすことが求められるという共通の認識に立っている[51]。この点、既存の学校中心の放課後学校に比べると、「マウル放課後学校」においては実施目的

---

49 キム・ジスク（2019）『マウル放課後学校の事例および運営方案に関する研究』建国大学校修士論文、pp.18-19《韓国語文献》。

50 ジュ・ジョンフン（2017）、前掲書、p.76《韓国語文献》。

51 ジュ・ジョンフン（2017）『学校と自治区が協力するマウル放課後学校の運営方案研究』ソウル特別市教育庁教育政策研究所、pp.75-84《韓国語文献》。

がより教育の公共性を意識したものとなったといえる。

(2)　「マウル放課後学校」の実施例：ソウル市トボン区

　本項では、学校が運営する放課後学校について自治体が行財政面から支援を行う「学校支援型」として、「マウル放課後学校」の拡大に先駆的な役割を果たしてきたソウル市トボン区（도봉구）の事例に着目し、学校が中心となって管理運営する従来の放課後学校から、自治体や地域社会が運営主体となる「マウル放課後学校」への変化について明らかにする。ソウル市トボン区は、2017年に自治体として全国で初めて放課後学校を直接運営することになったが、その契機となったのが2015年の「ソウル型革新教育地区」事業への参加である。トボン区では「革新教育地区」事業を通じて、一般行政と教育行政の協力体制や学校とマウル（地域）の連携体制が一つの文化として定着されつつあり、子どもの成長を支えるのは学校だけではなく、自治体や地域社会による積極的な関与が重要であるとの認識が広まっていた。また、学校の正規教育課程以外の取組み、とりわけ学校内外で行われる放課後活動についても公的な責任を担うべきという考え方が一般に受け入れられていた。

　図表32は、2018~2019年のトボン区「革新教育地区」事業の概要をまとめたものであるが、その中で放課後活動は重要な位置を占めており、「マウル放課後学校」などを通じて、マウル先生の育成や住民が設計し参加する「放課後マウル学校」、NGOや社会的協同組合による「拠点放課後マウル学校」等が進められている。自治体はこのような「トボン型マウル放課後活動」について「放課後に行われる活動の中から私的な領域を除き、学校内外の公的な領域で行われるケア（돌봄ドルボム）や教育活動、遊び、余暇文化活動、自主的なサークル活動等を含む概念として、自治体が直接運営または支援する事業」と定義している[52]。

52　イ・ミョンスン（2019）「全国で初めて放課後学校を直接運営する」『放課後ドルボムNewsletter9月号』韓国教育開発院《韓国語文献》。

2018~2019年の「トボン革新教育地区」事業

区分	事業名	主催（支援）
必須課題 (27項目)	1. マウル・学校間の連携事業（12個）	
	(1) マウルとともに行う学校の教育課程 →地域連携体験プログラムの導入等	教育支援庁、 自治体
	(2) マウル放課後活動のシステム構築	自治体 （教育支援庁）
	2. 青少年の自主活動（5個） →サークル活動等	教育支援庁、 自治体
	3. 官・民・学のガバナンス運営（6個）	
	(1) ドボン区革新教育地区のガバナンス運営 (2) 教育主体別力量強化支援事業 →教師や親などに対する啓蒙活動等	教育支援庁、 自治体
	4. ドボン革新教育地区の事業成果管理（4個） →ワークショップや展示会などの開催	教育支援庁、 自治体
地域特化 事業 (10個)	1. 進路・職業教育支援事業（3個）	自治体 （教育支援庁）
	2. 教育福祉共同体の構築（5個）	教育支援庁、 自治体
	3. 児童の権利に関する教育（1個）	自治体 （教育支援庁）
	4. 校外活動の安全網構築事業（1個）	教育支援庁 （自治体）

仁川広域市西部教育支援庁（2019）『2019西区教育革新地区：力量強化研修と事業説明会』p.30より。

　一方、「マウル放課後学校」の導入により、既存の学校主導の放課後学校に対する考え方を変えることや、学校と自治体、マウル（地域）の協働のあり方を模索する必要性が高まってきている。これについて、ソウル市教育庁は、9区の自治区における現場の実践から、図表31のようなモデルを抽出し、既存の放課後学校をベースに自治体が協力する「学校支援型」という初期モデルに加え、実施主体が学校から自治体に移される基本モデルⅠ（「自治体運営型」）や、自治体が協働組合に放課後

活動を委託する基本モデルⅡ（「協働組合中心型」）など、異なる形の「マウル放課後学校」が併存している現状を明らかにしている[53]。

　また、マウル（地域）と学校の相互連携が容易となった理由の一つに、2004年に中央政府主導で始まった放課後学校により、学校と地域社会の境界があいまいになったことが挙げられる。つまり、放課後学校は当初は中央政府によって、画一的な知識の伝達を重視する公教育改革の一環として導入されたが、その浸透のプロセスにおいて、学校内に民間や地域社会などの学校外の多様な教育資源を積極的に取り入れるようになり、「マウル放課後学校」が推進される環境を作ってきたといえる[54]。そもそも、従来から学校が運営する放課後学校については、参加率の低迷のほか、私教育機関に対する委託の問題や教員の業務増加等の問題がしばしば指摘されてきたが、地域社会との連携を通じて、放課後学校が抱える諸課題の克服する手段として、「マウル（地域）放課後学校」が広がりを見せている。

　これに関連して、トボン区の教育政策補佐官（2014〜2018年）として実際に「マウル放課後学校」を手掛けたP・D氏は「マウル放課後学校」の導入理由について、以下のように述べている[55]。

　「もともと、放課後学校と初等学校のドルボム教室（日本の学童保育に当たる）は、子どもの健全な成長よりも、私教育費の軽減を主な目的として導入されたものでした。極端な言い方をすれば、子どものニーズとは無関係に導入されたものです。しかし、ご存じだと思いますが、韓国は現在、子どもの幸福度ランキングがOECD加盟国のなかで最低レベルとなっており、また不登校や

---

[53]　キム・ジスク（2019）『マウル放課後学校の事例および運営方案に関する研究』建国大学校修士論文、pp.18-19《韓国語文献》。

[54]　ソウル特別市議会（2017）『マウル放課後学校の活性化方案』《韓国語文献》。

[55]　2020年1月22日に、ソウル市庁の教育諮問官であるP・D氏に対し、従来の放課後学校の課題や「マウル放課後学校」の導入背景等について、2時間にわたるインタビュー調査を実施した。

引きこもりも深刻な社会問題となっています。これまでの放課後学校は学校教育の延長として位置づけられていましたが、放課後の補習学習に対する子ども達の疲労度は私たちの想像をはるかに超えるほど、大きいものです。

もう一つ言えるのは、放課後学校は親や子どもの要望に基づきプログラムが決まりますが、徐々に希望するプログラムの内容に変化が見られることです。保護者側も教科活動よりも、多様な体験プログラムを求めるようになりました。（中略）これからは子どものウェルビーイングにもっと目を向け、放課後学校よりも、放課後活動としての政策を実施していくべきです。」（下線は筆者）

　子どものウェルビーイングを中心に据える以上のような考え方は「革新学校」の理念とも一致するものであるが、そのような理念が放課後学校にも浸透していることがうかがえる。なお、トボン区の場合は2019年現在、自治体と学校、住民が一体となって、英語やパソコン等の学習関連を除くすべての放課後学校の講座を「マウル放課後学校」で提供しながら、自治体が管理運営している。上記の教育行政へのインタビューを参考にしつつ、本書では「マウル放課後学校」の運営実態を把握すべく、制度導入時から「マウル放課後学校」を実施しているW初等学校への学校調査[56]を実施した。その際、放課後学校の責任者（教員）から「マウル放課後学校」の効果について、以下のような意見が聞かれた。

「マウル放課後学校の導入により教師の業務負担が減ったのが一番大きな変化です。自治体がいくつかの初等学校の放課後学校のプログラムを一つの冊子にまとめて提供してくれるので、子どもたちが隣の学校の好きなプログラムを受講することも可能になり

ました。また、学校の担当者がお互いのプログラムを比べること
もできます。マウル放課後学校が導入されてからは、学校間の連
携といいますか、学校間の情報共有が増えたように感じます。そ
れに、自治体が講師の採用や派遣に関する手続きを一括して実施
するので、大変ありがたいです。本校はもともと「革新学校」で
あったため、授業や特別活動の中にマウル（地域）との連携を深
めてきましたが、マウル放課後学校の導入により、学校とマウル
の関わりがより一層増えてきているように感じます」（下線は筆
者）

　以上のインタビューから、トボン区では「マウル放課後学校」を通じ
て、教師の業務軽減の効果のほか、学校と地域社会との連携が強まって
いる実態が明らかになった。具体的には、自治体が個々の学校における
放課後学校の情報をまとめて提供することで学校間の効果的な情報交換
を促していることや、自治体が運営責任を負うことで、マウル（地域）
の人的・物的資源を学校へ投入することが一層容易になったことがわ
かった。自治体は「マウル放課後学校」を通じて学校と地域社会との
連携を強化させており、また、このような動きは放課後学校に限らず、
「革新教育地区」事業または「革新学校」運動という、韓国の社会全体
における教育改革の動きとも密接に関係していることが見えてきた。

第6節　小括

　本章では、韓国の教育福祉政策の一つとして進められてきた放課後学
校について、制度構想や歴史的な展開を概観しながら、二つの地域での
実態調査を踏まえ、政策の実態や課題等を明らかにした。具体的には1995

年以降、中央政府主導によって進められてきた放課後対策の変遷を概観し、政府の方針に一貫性が欠けていたことや、放課後学校という新たな取組みの導入に際し、新自由主義の影響下で、平等な教育機会の保障を重視する盧武鉉大統領の思惑が強く働いていたことを演説文などの1次資料に対するSCAT法により確認した。また、放課後学校に新自由主義的な政策理念が学校内部の構造や学校外部との連携に、いかに盛り込まれているかを実施内容（個人の選択や多様性を重視）、実施主体（個々の学校における自律的な学校経営がベース）、実施方法（民間や地域社会との「市場原理」のネットワークの形成）の観点から検証し、従来の学校とは異なる機能を果たしている実態を明らかにした。

　さらに、このような新自由主義的な政策基調については、「先行学習禁止法」の事例を考察することで、放課後学校が内包する公教育との矛盾や対立を鮮明にし、近年は学校教育の延長ではなく、地域社会が子どもの全人的な発達の促進を目指す「マウル（地域）放課後学校」という新たな動きが広がりを見せている現状について述べた。また、行き過ぎた新自由主義政策に対する反省から、より子どものウェルビーイングを重視する政策への変化が見られること、またその背景には韓国における「革新学校」という新たな公教育改革の動きが影響を与えていることを明らかにした。

　これらを踏まえ、放課後学校をめぐる制度的展開について、政策目的および対象範囲の観点から考察したところ、図表33の矢印のような変化が抽出された。本書では、導入時の政策理念や、個人の教育機会へのアクセスを重視する事業内容から、放課後学校を「個人の教育機会保障型」の特徴をもつと考え、さらに全ての子どもを対象とする低廉なプログラムの中に低所得家庭の子どもにターゲットを絞る「自由受講券」という教育バウチャー制度を設けている点で、普遍主義と選別主義が両立していると考えた。「個人の教育機会保障型」および普遍・選別主義に分類した同事業に生じている変化について、まず政策目的の観点からすると、教育格差の緩和や私教育費の軽減から、ケア（돌봄ドルボム）や

学校と地域社会の連携（学校の地域社会化）へと、その目的が広がっていることが指摘できる。本書の類型では、前者は「個人の教育機会保障型」、後者は「社会関係資本醸成型」に関連する項目といえる。このような変化の背景について、先述のソウル市庁の行政担当者（P・D氏）は、インタビューで以下のように述べている。

　　小学校低学年の子どもを持つ親にとって一番ありがたいのは、放課後に安心して預けることができる居場所です。2004年から、低所得家庭の子どものための学童保育も始まっていますが、すべての子どもが安心して放課後のケアが受けられるような状況ではありません。近年、共働き世帯も増え、どちらかといえば、託児場所として放課後学校を利用するケースが増えてきました。その中でも、特に小学校低学年にとっては、勉強よりも友達作りやケアされる場所としての放課後学校が求められている現状があります。（下線は筆者）

　以上より、放課後対策を通じて平等な教育機会の保障や私教育費の軽減を図ろうとした政府の意図とは異なり、実際には、放課後における子どもの友達作りや居場所の確保も重要であったことが推察できる。また、このように子どもの全体的なウェルビーイングを重視する傾向に加え、放課後学校に生じているもう一つの質的変化として、学校と地域社会の連携の強化が挙げられる。前節で取り上げた「マウル放課後学校」がそれに該当するが、従来の学校主導の放課後学校にとって代わるものとして、学校と地域社会との連携や協働を重視する放課後の取組みが広がりを見せている。すなわち、従来の放課後学校が、学校が中心となって個人に対する満足度の高いプログラムの提供に主力を置く「個人の教育機会保障型」の要素が強かったのに対し、「マウル放課後学校」は、学校と地域社会の協働を重視しながら、子どもと地域社会との相互交流を促すプログラムなど、「社会関係資本醸成型」の色合いが強いといえ

る。この点、既存の学校中心の放課後学校は「個人の教育機会保障型」から「社会関係資本醸成型」へと、その外縁を広げていると結論づけられる。

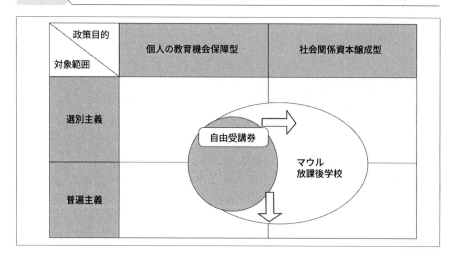

図表33 放課後学校の政策目的と対象範囲に見られる変化（筆者作成）

次に、対象範囲については、韓国では放課後に行われる活動をより普遍的な形で公的に保障するような動きが近年顕在化している。たとえば、文在寅大統領は2017年の選挙公約や「国政課題」の中で、「終日ケア体制（온종일 돌봄체제）」の構築を打ち出しており、すべての子どもを対象に、学校教育の枠を超えた放課後対策を進めている。このような流れの中で、地域社会との連携を通じて、実施対象（すべての子どもが対象）や実施主体（学校に限定せず、地域社会なども含む）における普遍主義の政策が年々強化されている。例えば、「マウル放課後学校」の場合、全ての子どもを対象に地域社会や自治体等による無償のプログラムが多く実施されるようになり、民間の営利機関等によって低廉なプログラムが提供されてきた従来の放課後学校と比べると、実施対象や実施主体がより普遍化したといえる。

　一方、従来の放課後学校では、すべての子どもが受けられる質の高い

低廉な放課後プログラムの提供という普遍主義的な側面を基調としながらも、低所得家庭の子女等への選別主義的な教育バウチャー制度（「自由受講券」）を併せて実施することで、普遍主義と選別主義の両立を図っていた。それを可能としたのは、国（中央政府）による財政支援であり、地方分権化が進む中でも、「自由受講券」制度に対する継続的な財源支援を行うことで、国は放課後における平等な教育機会の保障に力を入れてきた。しかしながら、普遍主義的色合いの強い「マウル放課後学校」という取組みの中で、普遍主義と選別主義の両立は維持できるのか、換言すれば、実施対象や実施主体における普遍主義的な傾向が強まる中、いかにして社会的・経済的に不利な立場に置かれている個々人のニーズとのバランスをとるのかという新たな課題が生じている。このような普遍主義と選別主義の相克については、終章において改めて論じることにしたい。

第4章

「社会関係資本醸成型」の特徴をもつ
教育福祉優先支援事業

本章では最後の事例として、社会的・経済的に不利な状況にある貧困地域により手厚い支援を実施する「優先教育地域政策（Education-Oriented Area-Based Initiatives、 ABIs）[1]」として導入された韓国の教育福祉優先支援事業に焦点を当て、政策導入の背景や制度的変遷を概観するとともに、同事業が学校現場にもたらしている変化について、実施内容、実施主体、実施方法の面から検討する。具体的には国から地方への事業移譲（2011年）以降、実施内容や予算などに違いが見られる二つの地域（ソウル市と江原道[2]）への学校調査を実施し、学校を拠点としたネットワークの形成など、同政策の効果について検証を行う。さらに、同事業に携わる教育福祉士および教師による実践に着目し、本書の分析枠組みである「社会関係資本醸成型」の内実をより鮮明に描き出すとともに、選別主義と普遍主義の両立の模索という観点から同事業の実態を検証する。そのうえで、そこから導かれる社会関係資本の醸成を通じた「子どもを中心に据えた教育福祉」のあり方について示唆を得る。

<hr>

第1節　「政策の窓モデル」を用いた政策形成過程の分析

　本節の目的は、韓国版「優先教育地域政策」として始まった教育福祉優先支援事業がいかなる過程によって形成されたかをJ.Kingdonの「政策の窓モデル」を援用して明らかにすることである。「優先教育地域政策」とは、積極的な差別化により、経済的に厳しい地域に対してより手

<hr>

1　「優先教育地域政策」という和訳については、Dyson, A.,Kerr,K.(2014) Lessons from area-based initiatives in education and training, p.11における定義を基に、筆者が独自に考えた呼称であり、学問的に定義されたものではない。なお、イギリスのEAZやフランスのZEP等もこれに含まれるものとする。

2　第3章の放課後学校の実施例と同じく、ソウル市と江原道（カンウォンド）草束市（ソクチョシ）を調査対象にしている。

厚い支援を行う政策であり、韓国においても2003年から、イギリスのEAZ やフランスのZEPをベンチマークとし、教育福祉優先支援事業という新たな取組みが導入されている。教育福祉優先支援事業は、「学校が中心となって地域教育共同体を構築し、学習、文化、心理・情動的なサポート、保健など、生活全般に対する支援を通じて、教育上の不利な立場の克服を目指す取組み」[3]として、韓国を代表する教育福祉政策の一つである。これまで教育福祉優先支援事業に関する研究を概観すると、効果検証に関する研究、プログラムの開発に関する研究、福祉専門家やネットワークに関する研究等が大半を占めており[4]、政策形成のプロセスや導入要因に着目した研究は管見の限り少ない。

　しかし、政策形成の過程を振り返ってみることは、現在の課題の原因究明や今後の改善にも繋がるものといえる。本節では、先行研究や政府報告書、行政文書、マスコミの報道等を参考にしながら、教育福祉優先支援事業の政策形成過程を解明するために、公共政策学の分野において政策形成のプロセスや変化を体系的に説明するために使われているJ.Kingdonの「政策の窓モデル」を援用する。「政策の流れモデル（Policy Stream Model）」とも呼ばれる当理論は、「意図された無秩序（organizedanarchies）」の下、それぞれの力学（dynamics）とルールによって進展していた問題（problem stream）・政策（policy　stream）・政治（politics stream）という三つの流れが大事件や政権の交代などを契機に合流（coupling）し、政策の窓が開く（政策として採用される）と考えるものである[5]。

　当理論を用いた研究として、日本では韓国の高等教育政策を扱った研

3　韓国教育開発院（2008）『教育福祉投資優先地域支援事業白書2003－2007』《韓国語文献》。

4　筆者の調査によると、2017年9月現在、教育福祉優先支援事業に関するKCI（韓国研究財団）の掲載論文（86本）のは、効果に関する研究（27本）、ネットワーク・人材関連（22本）、プログラム開発関連（16本）、財政などの政策一般に関する研究（16本）、外国の事例紹介（6本）の順となっている。

5　Kingdon,John W.(2011) Agendas, Alternatives and Public Policies(2 nd ed),Longman.

究[6]、韓国では大学授業料の軽減政策[7]や学校の給食無償化政策、[8]放課後学校に対する研究[9]など、様々な分野で使われている。その中で、近年韓国の教育福祉政策に関しては、政治の流れが最も重要であったと結論付けるものが多いが、教育福祉優先支援事業についても同様の検証を要する。本節では、まずKingdonの「政策の窓モデル」の概要について説明した後、問題・政策・政治の流れという三つの側面から、教育福祉優先支援事業の政策形成過程について分析を行う。そのうえで、これらの三つの流れが合流したきっかけについて検討し、このような政策形成過程が後にいかなる課題を残したかを考察する。

(1) 教育福祉優先支援事業の導入に関する問題・政策・政治の流れ

　なぜ、あるアジェンダは政策として導入され、他のアジェンダは導入されないのか。このようなアジェンダ設定や政策化のプロセスに関する疑問に答えようとする理論が「政策の窓モデル」である。この理論は目標や因果関係が不明確な状況下での意思決定を説明する「ゴミ箱モデル」（Garbage Can Model）[10]を出発点とし、政策は合理的な意思決定のプロセスではなく、偶然かつ非合理的な要因によって決定されるとみる。また、問題の流れ・政策の流れ・政治の流れという三つが合流した時に政策として導入されると考える。なお、図表34はこれを図式化したものである。

6　朴炫貞（2011）「韓国高等教育政策の分析―「政策の窓」モデルの適応可能性―」『東京大学大学院教育学研究科紀要』第51巻、pp.93-101。

7　キム・シジン＆キム・ジェウン（2012）「Kingdonの政策流れモデルによる大学授業料の負担緩和政策の分析」『教育行政学研究』pp. 181-203《韓国語文献》。

8　ミョン・ジュヨン（2018）『KingdonのPolicy Stream Frameworkを適用した忠北地域の学校無償給食の政策形成過程の分析』韓国教員大学院修士論文《韓国語文献》。

9　チェ・テホ（2012）『韓国の「放課後教育」政策：政策変動の観点』韓国教員大学校博士論文《韓国語文献》。

10　Cohen,M.D.&March,J.G.&Olsen,J.P.(1972) "A Garbage Can Model of Organizational Choice", Administrative Science Quarterly,17,pp.1-25.

(Kingdon(2011)の内容をもとに筆者が作成)

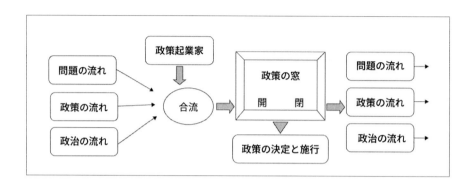

① 問題の流れ：経済・教育格差の拡大

　社会に存在する様々な問題の中で、なぜ政策決定者は特定の問題だけに注目するのかについて、Kingdonは「問題」はそれが認識され解釈を加えることよってのみ、政策アジェンダとして成立すると考えた[12]。すなわち、特定の問題が政策アジェンダになるには、政策を決定する者（または官僚）がその問題を深刻と捉え、かつ変化が必要と判断した時に限られる。一般に政策決定者は、事件の発生や主要な指標の変化、フィードバック等によって特定の問題に関心を寄せることになる。本節では、教育福祉優先支援事業が導入された際に、どのような問題の流れが存在していたかを明らかにするために、当時の社会・経済的状況を示す指標として、ジニ係数と教育費の格差に注目する。

　図表35では、97年度に0.28だったジニ係数が98年に0.32に急激に悪化しており、アジア（IMF）通貨危機がもたらした韓国の急激な社会変化が推察できる。IMF通貨危機は、朝鮮戦争（1945～1948年）以降の最大の出

11　イ・ヒスク、ジョン・ジェジョン（2012）「学校暴力関連の政策の流れの分析：Kingdonの政策の窓モデルを中心に」『韓国教育』第39巻、第4号、p.69《韓国語文献》。

12　Kingdon(2011)、前掲書、p.94。

来事とされ、企業のリストラクチュアリングによって史上例をみないほど、多くの失業者を生み出した。しかし、社会保障制度が充分に整備されていない状況のもとでは、失業は経済的な困窮だけではなく、急激な離婚率の増加や家庭崩壊を招く原因となった。その結果、家庭崩壊による子どもの欠食の問題が注目されるようになり、例えば1996年に1万2,381人であった欠食児童はIMFを機に10倍も増え、1998年には13万9千1,333人となっていた[13]。

| 図表35 | 経済格差の拡大(ジニ係数)[14] | | 図表36 | 世帯収入による教育費の格差[15] |

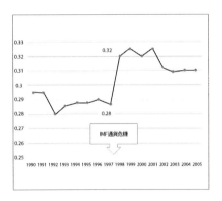

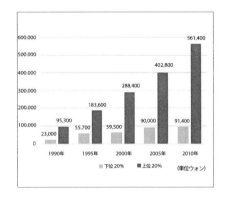

　もう一つ、各種報告書においても指摘されているように[16]、IMFアジア通貨危機は所得格差を拡大・固定化するきっかけとなり、経済的格差は教育格差に繋がるものとして懸念されるようになった。図表36は所得上位20%（濃い色の部分）と下位20%（グレーの部分）における教育費の差を示しているものであるが、1990年の約4倍から2010年の約6倍へと、年々増加の一途をたどっていることがみてとれる。以上より、この時期は

13　イ・ヘヲン（1999）「欠食児童問題の現状と課題」『月間福祉動向』参与連帯《韓国語文献》。

14　サムソン経済研究所（2006）『所得両極化の現況と原因』研究報告書8月《韓国語文献》。

15　『世界日報』2011年6月15日付《韓国語文献》。

16　『ノーカット・ニュース』2007年11月22日付《韓国語文献》。

問題の流れとして、アジア通貨危機という事件の発生やそれに伴う主要な指数の変化が指摘できる。言いかえれば、経済格差による教育費格差の拡大は、韓国政府が長年重視してきた教育の機会均等の確保を脅かすものとして、新たな対策が求められるようになったといえる。

② 政策の流れ：教育人的資源部及び韓国教育開発院の役割

　政策の流れとは、問題の解決に向けて、いくつかの政策案の中から実行可能なものを絞っていくプロセスであり、政策の初期段階において多くの政策案が提案されたとしても、後に技術的な実行可能性（technical feasibility）や価値受容性（value acceptability）によって数少ない政策案だけが残る。また、政策は官僚、議員、研究者や利益団体等によって構成される「政策共同体」の中で決められることが多く、特に中央主権的な性格が強い韓国においては、少数の政策決定者が政策形成のプロセスを主導してきた[17]。政策の流れに影響を与える要因として、専門家で構成される政策共同体・政策形成者の活動や利益団体の介入等が挙げられるが、本節ではその中から、政策形成者として教育人的資源部（現「教育部」）および、専門家の集団である韓国教育開発院（以下、「KEDI」とする）を取り上げる。

　まず、政策形成者としての教育人的資源部の役割は、当時の会議資料からも確認することができる。教育福祉優先支援事業は2002年9月、「人的資源開発会議」[18]（第9回）の中で正式に導入が決定されるが、それに先立ち、教育人的資源部の次官を団長とする「中央準備企画団」が発足し、教育福祉優先支援事業の基本計画案に関する検討を行った。その中で、教育福祉優先支援事業の施行直前に行われた第2回「中央準備企画団」（2002年12月2日）の議事録をみると、教育人的資

---

17 キム・ジウォン（2009）「四大社会保険統合の政策形成過程分析」『韓国政策学会報』pp.183-184《韓国語文献》。

18 「人的資源開発会議」とは2000年3月に導入された新たな行政府の審議機関として、効果的な人的資源開発の推進を目指して、行政府の14部署の長官によって構成されていた。

源部は、平等な教育機会の確保の問題、低所得家庭の子どもの社会的・情緒的発達の問題、公教育における支援体制の不備の問題という三つの問題の流れを認識していたことが分かる。とりわけ、2002年に行われたKEDIの実態調査の結果を重く受け止め、図表37のような指標について言及している。

| 図表37 | 教育福祉優先支援事業の導入のための実態調査（KEDI、2002年）[19] |

【平等な教育機会の確保の問題】
・ソウル市においては、基礎学力に問題を抱えている児童・生徒の割合が3.6〜4.5%を占めており、全国平均の3〜4倍にのぼる
・無償給食の対象者である児童・生徒の34.1%が親以外の人と同居しており、勉強できる空間（20.2%）や教材（12.5%）が不足していると感じている
・低所得家庭の子どもの50〜80%が自分の将来について否定的に考えている
・貧困地域の37.6%の児童・生徒が学校での多様な活動（スポーツやパソコンなど）に参加したいと答えている

【社会的・情緒的発達の問題】
・自分に自信がなく、無気力な子どもの割合は35%である
・54%の児童・生徒が放課後、親以外の人に面倒をみてもらっており、20%は一人で過ごしている

【公教育における支援体制の不備の問題】
・貧困地域で働く教師の18.9%が他の地域への転勤を希望している
・教師の73%が業務の負担により、児童・生徒へのケアが十分にできていないと感じている
・教師の90%以上が社会福祉士やカウンセラー、講師等、外部人材の積極的な活用に賛成している

　以上のような議論から、貧困地域の子どもには学習支援だけではなく、生活面や心理的ケアが必要という認識のもと、教育福祉優先支援事業の導入にあたっては、学習支援だけではなく、文化活動や心理・情動的なサポート、保健等を含むものとし、また教師の負担を減らすことを目的とし、新たに「教育福祉士」という教育福祉の専門家を学校に配置

---

19 イ・ヘヨン（2002）『教育福祉投資優先地域選定のための研究』韓国教育開発院《韓国語文献》。

することになった。

　続いて、政策の開発者・促進者として韓国教育開発院（KEDI）が果たした役割について概説する。KEDIは1972年に設立された国のシンクタンク機関として、様々な教育政策への理論的根拠の提供や国内外の先進事例の紹介など、先駆的な役割を果たしている。第3章の放課後学校の導入に際してもKEDIは政策開発者・促進者として重要な役割を担っていたが[20]、これは教育福祉優先支援事業の政策形成にも当てはまることである。具体的には、導入時に教育部から「中央研究支援センター」としての指定を受け、基本的な方向性の設定や情報提供、事業の結果に関する評価、フィードバックの実施など、政策開発者としての役割を果たした。また、イギリス（EAZ）やフランス（ZEP）などの先進事例を紹介しながら、国内の候補地域に関する実態調査（2002年10~11月）や公聴会における啓発活動（2002年12月）を行う等、理論的根拠の提供者としての役割を果たした。さらに、事業が導入されてからは、事業マニュアルの作成や地域別事業説明会の開催、教育福祉士などの専門家の選抜と研修、教員向けのワークショップの開催など、政策の促進者としても機能しており[21]、専門家集団として政策の流れの進展に大きく貢献したといえる。

③ 政治の流れ：福祉国家を目指す政権への交代
　政治の流れは、アジェンダ・セッティングにおいて最も重要な流れとして、問題の流れや政策の流れとは独立している。政治の流れは、世論の変化（国民のムード）や圧力団体の活動、政権の交代、議会における政党やイデオロギーの変化等から影響を受けるとされるが、本節ではその中から、世論の変化および福祉政策の推進派であった金大中・盧武鉉大統領への政権交代の2点について検証を行う。

20　パク・インチョル（2011）『放課後学校の政策形成および施行過程における国策研究機関の役割分析』ソウル大学修士論文、p.19《韓国語文献》。

21　韓国教育開発院（2008）『教育福祉投資優先支援地域支援事業白書2003-2007』pp.45-64《韓国語文献》。

まず、教育福祉政策への国民の関心度、すなわち教育福祉政策が社会全体で注目される度合いを調べるために、BigKinds（https://www.bigkinds.or.kr/）という検索ポータルサイトを用いて、1995年1月1日から2017年12月31日までの韓国の主要新聞社8社の記事[22]において「教育福祉」と「教育格差」という用語が使用された頻度を分析した。

　図表38は、「教育格差」および「教育福祉」という用語の使用頻度を示すものであるが、「教育福祉」という言葉が頻繁に使用されたのは2000年以降であり、とりわけ地方選挙において無償給食等の教育福祉政策が選挙の大きな争点となった2010年と2014年に使用頻度が最も高かったことが分かる。これは教育福祉政策の拡大と政治（選挙）が密接に関わっていたことを端的に示しているものといえる。一方、教育福祉優先支援事業が導入された2003年頃は、「教育福祉」や「教育格差」に関する使用頻度がそれほど高くなく、国民の関心が薄かったことが推察できる。

図表38　「教育福祉」に対する国民の関心度の変化（新聞記事の数）

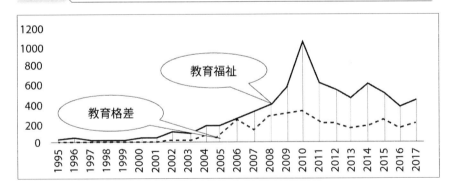

　次に、金大中・盧武鉉大統領への政権交代が教育福祉優先支援事業の政策形成に与えた影響について検証する。一般的に社会的に注目を浴びるようになった特定の問題に対して、政策案が立案されずアジェンダと

22　主要新聞社とは、朝鮮、東亜、国民、ソウル、世界、ハンギョレ、韓国日報、キョンヒャンの8社である。

して議論される機会を逃すと、政策として発展できなくなる。その点、教育福祉優先支援事業の導入時に存在していた経済・教育格差の拡大という問題の流れに対して、先述の通り、政策形成者であった教育人的資源部および政策の開発者・促進者として機能していた韓国教育開発院（KEDI）は、大統領のリーダーシップのもと、「教育福祉」政策という新たな試みを通して積極的に対応しようとした。ここで注目すべきは、この時期の福祉関連の政策は政治家によって提案されながらも、その実現は市民団体や利益団体よりも、主として行政府の官僚によって具体化されたことである。教育福祉優先支援事業の政策形成のプロセスをみても、進歩系の政治勢力や市民団体の関与は殆ど確認できず、大統領の声明文[23]や先述の「人的資源開発会議」の会議内容からも明らかなように、大統領と行政府の関与は政策を推進する重要な原動力となっており、これは放課後学校など、この時期の他の教育福祉政策についても当てはまることである[24]。

　加えて、教育福祉優先支援事業が導入されたこの時期は、国民年金や健康保険制度など、新たな福祉政策が多く導入され、1997年に国家予算の17.9％であった社会福祉費は2006年には27％まで増加した。福祉政策の方向性をめぐっては、イギリスのブレア政権が進めていた「第三の道」と同じ文脈で、政府内に「生産的福祉」という新たな政策理念が推進されるようになったが、これは従来のパターナリズム的なアプローチではなく、教育や訓練を通じた社会的投資として、福祉政策の方向性を大きく転換するものであった。このように政権交代による政府の考え方の変化は、教育福祉優先支援事業をはじめとする教育福祉政策の導入をより容易なものとし、これまで周辺的な政策であった教育福祉政策は、段々と政策の中心に位置付けられるようになった。

23　2002年の光復節の祝辞において、金大中大統領は都市部貧困地域の教育環境改善策を実施すると宣言し、これをきっかけに本格的に教育福祉優先支援事業の導入が進められた。

24　チェ・テホ（2012）『韓国の「放課後教育」政策：政策変動の観点』韓国教員大学校博士論文、p.23《韓国語文献》。

(2) 教育福祉優先支援事業の政策形成過程の特徴とそれが残した課題

　以上より、Kingdonの「政策の窓モデル」を用いて、教育福祉優先支援事業の政策形成過程について三つの流れの検討を行ったが、そこから得られた示唆は次の二つである。

　第1に、教育福祉優先支援事業の政策形成における政治の流れの重要性である。一般に三つの流れの中で政治の流れの変化によって「政策の窓」が開くことが多く、特に政権交代や世論の変化によって「政策の窓」が開くことが多いとされる。教育福祉優先支援事業についても「中央準備企画団」の会議など、導入時の状況を知ることができる行政府の議事録をみると、当時の行政府の官僚や大統領からの影響を強く受けており、彼らの信念や意思が重要な要素であったことが推察できる。先述の通り、アジア（IMF）通貨危機以降、経済的不平等や教育格差の拡大という問題の流れが進展する中、教育人的資源部はその対策として、教育福祉優先支援事業をはじめとする多様な教育福祉政策を導入し、政策形成者としての役割を果たした。また、韓国教育開発院（KEDI）も政策開発者・促進者として、政策の方向性や理論的根拠の提供、海外の先進事例の紹介等を通じて政策の流れを促進させた。さらに、福祉政策を積極的に進める金大中・盧武鉉大統領へと政権が交代し、政治の流れへの勢いが増した。それぞれ存在していた問題・政策・政治の流れが合流する際には政策企業家の役割が重要とされるが、教育福祉優先支援事業については、当時の教育人的資源部（現「教育部」）の官僚が政策企業家として重要な役割を果たしており、これは先述の「中央準備企画団」の議事録等からも確認できる。また、このような大統領や行政府による教育福祉政策への関与は、放課後学校など、この時期に導入された他の教育福祉政策にも見られる事象であった。

　第2に、教育福祉優先支援事業の政策形成に際して「教育」的な価値や理念に関する考察が不十分であり、教育福祉に関する定義があいまいであったため、政治的にも利用しやすかったと考えられる。Kingdonに

よれば、一つの政策が通れば、それに密接に関わる他の政策も通りやすくなるが、その点、教育福祉優先支援事業をはじめとする教育福祉政策は、1990年代後半から韓国政府が積極的に推進した福祉政策の進展の影響を受けたものであり、国民年金や医療保険など、他の福祉政策の進展は教育福祉政策の拡大にも間接的な影響を与えた[25]。

　一方、教育福祉政策が主に政治の流れの影響を受けて形成されたことで、導入時に教育的な価値や政策理念について十分な考察が行われていなかった側面がある。そのため、現在も教育福祉に関する一致した概念の定義が得られておらず、また学校現場においても教育福祉政策の目的や範囲、手段等について混乱が見られる。そもそも教育福祉に関する捉え方は、社会全体で保障されるべき教育の水準をどう考えるのか、言いかえれば、教育機会の分配に関する社会構成員の合意によって決まるものといえるが、トップダウンで導入された教育福祉優先支援事業は、導入時に国民の間で十分な議論が行われていなかったことが指摘できる。しかしながら、トップダウン型で始まった教育福祉優先支援事業は、国から地方への事業移譲（2011年）により、現在は各地方で独自の内容で事業が可能となった。次節からは、トップダウン型で始まった教育福祉優先支援事業がいかにしてボトムアップ型の取組みを通じて質的に変化していくのか、その様相を明らかにする。

---

25 ホァン・ジュンソン（2018）『教育福祉ガバナンスの革新方案研究』韓国教育開発院、p.32-34 《韓国語文献》。

第2節　教育福祉優先支援事業の制度的展開：地方移譲による影響

　教育福祉優先支援事業は、教育人的資源部（現「教育部」）が2003年から2年間、ソウル市（6カ所）と釜山市（2カ所）の低所得者の密集地域の学校（79校）を対象に実施したパイロット事業から始まった。2004年にパイロット事業に関する肯定的な効果が認められ、2005年に人口50万以上の広域市、2011年からは事業の地方移譲を機に全国で実施されるようになった。教育福祉優先支援事業は、1997年のアジア通貨危機以降、居住地による学力格差や私教育費の格差が懸念される中、低所得者層が多く居住する地域の学校をターゲットに学校教育の質を高めることを目的として導入された。学習支援、文化・体験、心理・情緒や保健など、多様なプログラムの実施を通じて子どもの初期の社会化過程に国と地域社会、学校が連携して介入し補償的平等を目指す試みとして、社会参加や関係性の構築、個別のケアを重視している点において、本書でいう「社会関係資本醸成型」政策としての特徴をもつ。

　同事業の導入時における制度設計については、教育福祉優先支援事業の支援法案にかかる国会の公聴会（教育委員会2006年4月20日）における議論からも、その特徴を捉えることができる。以下のように公聴会で陳述を行った3人は、事業の導入に関わった人物であるが、彼らの発言から同事業の方向性を確認することができる。はじめに、キム・ヨンサム氏（ソウル市の高校教師）は、子どもの抱える問題を文化の欠如や心理・情緒的な不安、医療保健の不備等から総合的に捉えることが必要としながら、その解決の方法として、地域社会と学校の連携を強調している。続く韓国教育開発院（KEDI）の研究員のキム・ジョンウォン氏は、これまでの韓国の教育政策が中央集権的であったことを問題として捉え、教育福祉の取組みについても同様の課題が存在することを指摘している。

【陳述者　キム・ヨンサム氏（ソウル市の高校教師）】

教育福祉投資優先支援地域」の支援法案は、個別の学校ではな
く、地域を対象に行う事業であり、これまで学校教育の限界とし
て度々指摘されてきた地域社会と学校のコミュニケーションの問
題、地域社会における学校の役割の拡大の問題、さらに地域社会
の教育的な機能の回復について大きく貢献できることが期待され
ます。特に、最近しばしば話題になっている貧困の連鎖も問題に
ついても、これまでは都市部の低所得者層の子どもへの支援は、
学費や給食の支援等にとどまっていました。しかし、子どもが抱
えている教育的な格差は、日常的な教育活動だけではなく、文化
の欠如や心理・情緒的な不安、医療保健の不備等、総合的な状況
が絡み待って生じているものです。（中略）「教育福祉投資優先
地域」の支援法案は、都市部の低所得者層の地域に居住している
児童生徒に対して、教育や文化、福祉からの総合的な支援シス
テムを想定している点において、大変有意義な事業であると思っ
ています。（中略）ここで重要なのは、学校ではなく地域です。
（下線は筆者）

【陳述者　キム・ジョンウォン氏（韓国教育開発院の研究員）】

外国の事例をベンチマークする際に気を付けないといけないの
は、わが国の状況は外国とはかなり異なっており、基本的な条件
が同じではないということです。韓国社会の教育システムは中央
集権的であり、それによる問題が度々俎上に上がることには、私
も共感しています。同じく教育福祉の取組みについても国が主な
役割を担っている現状があります。（下線は筆者）

また、特に目を引くのが教育福祉政策と学業達成度の公開を結び付けようとした以下のような議論である。イ・ジュホ委員（国会議員）は、イギリスやフランスと同様に、学業達成度の公開によって教育福祉政策の効果を検証していくことが不可欠であると主張している。これに対し、教員団体の研究員であったイ・ミョンギュン氏（韓国教総教育政策研究所専任研究員）は、教育福祉の取組みと学業達成度の公開による学校改善は次元の異なる話としながら、学業達成度の公開についてもその効果が限定的であると述べている。学業達成度の公開による学校改善の手法は、まさに新自由主義的な教育改革の一つといえるが、イギリスのEAZと同じく、韓国の教育福祉優先支援事業においても新自由主義からの影響があったことがうかがえる。

【質問者　イ・ジュホ委員（国会議員）】
現在、教育福祉投資優先地域事業（教育福祉優先支援事業の母体となる事業）の先行事例として、イギリスとフランス等が挙げられますが、ご存じの通り、イギリスとフランスの場合は、学業達成度の測定と公開が実施されています。これは、実際に地域で起きている教育問題を把握し、それを改善する努力をして、それを確認することによって改善に繋がると考えるものです。その点、学業達成度を全国で継続して実施し、その結果を公開することが教育福祉事業においても不可欠と思います。（中略）（下線は筆者）

【陳述者　イ・ミョンギュン氏（教員組合研究所の研究員）】
（中略）福祉と子ども成績や学業達成の結果を公表して学校教育の質を向上させるということは少し次元が異なる話だと思います。私の考えではありますが、原則的かつ長期的な視点に立った場合は、そのような方法も正しいかもしれませんが、今のところ、評価院によって行

われている標本調査による結果の公表も実際に学校の改善に繋がっているとは言い難いです。（中略）現実的な話として、今後学校現場でそれ（学業達成）を公開した場合、学校の序列化の問題や転校の問題など、様々な問題を引き起こす可能性があります。したがって、部分的かつ段階的な公開が望ましいと思います。（下線は筆者）

　以上を整理すると、教育福祉優先支援事業は学業達成度の公開等という新自由主義からの圧力はあったものの、それに左右されることなく、学習支援のみならず、文化や心理・情緒、保健などの包括的・多角的なケアを目指すことになったことがわかる。加えて、同事業は2003年から2010年までは国の主導で進められたが、2011年に国から地方への完全な事業移譲が行われ、事業に係る全ての決定権やリソースが各地方（市・道）の教育庁に移った。それ以降、中央政府によるトップダウン的な政策ではなくなり、各地方において異なる取組みが可能となった。図表39は2011年に行われた地方移譲による変化をまとめたものであるが、地方移譲により、法的根拠の整備や財源の確保による事業の安定化のほか、事業対象の選定が地域（zone）から個別の学校へ変更されたことが見てとれる。このような事業方針の変更理由について、教育科学技術部（現「教育部」）は地域（Zone）を事業対象としたことで柔軟性が欠けていたことや、中央政府からの特別交付金による事業であったため、安定的かつ持続可能な事業運営が困難であったこと、そして教育支援庁と各学校の連携が難渋していたこと等を挙げている[26]。

26　キム・クァンヒョク他（2018）『教育福祉優先支援事業の成果指標開発に関する研究』教育部《韓国語文献》。

（チョ・クムジュ(2015)[27]を基に筆者作成）

	（地方移譲前） 教育福祉投資優先地域支援事業 （2003〜2010）	（地方移譲後） 教育福祉優先支援事業 （2011〜現在）
事業主体	教育部（中央政府）	市・道の教育庁（17カ所）
法的根拠	不十分（小中等教育法第28条）	明確（小中等教育法第28条、 教育福祉優先支援管理・運営に 関する規定など）
財政支援	特別交付金、市・道の予算など	普通交付金など →**事業の安定化**
事業対象	全国都市部の低所得層の密集学校 （幼小中が中心、一部の高校）	全国の低所得層の密集学校 （幼小中高）→**事業の拡大**
事業学校	対象学校が4つ以上隣接している地域	単位学校が基準 →**対象学校・対象者の増加**
対象学校 選定基準	基礎生活受給者および一人親家庭の子 どもの数が70名もしくは10％以上の学 校	市・道教育庁の判断による →**主導権が国から地方や単位学校 へ**

　もう一点は、地方移譲による大きな変化として、選定の基準が地域（Zone）から個別の学校へと変更されたことで、事業の量的拡大を遂げたことが挙げられる。例えば、図表40は、教育福祉優先支援事業の実施校の数を教育福祉士の配置の有無によって分類したものであるが、地方移譲が行われた2011年に対象学校が534校から1,356校へと、約2.5倍も増加したことがみてとれる。さらに、地方移譲は運営方式の変更というハード面だけではなく、事業の目的（ビジョン）や定義という内容面においても本質的な変化をもたらしており、それは教育部の通達である「教育

27　チョ・クムジュ（2015）「教育福祉優先支援事業の問題点及び再構造化のための課題」『青少年学研究』第21巻、第2号、pp.491-513《韓国語文献》。

福祉優先支援事業の発展方案および管理指針（2014）」および「教育福祉優先支援事業の運営指針（2015）」の内容からも確認できる。2010年までは、同事業の目的（ビジョン）を「地域教育共同体の実現を通じた脆弱階層の生き方の質の向上」としながら、「低所得者および疎外階層（社会的弱者）の地域における教育・福祉・文化の水準を向上させ、教育機会を保障する取組み」として定義しながら、地域との関りを重視していた。しかし、地方移譲（2011年）以降は「個々人の子どもの幸福の増進と教育達成の向上、および子ども中心の支援を強化し事業効果を促進する」ことを目的としながら、「経済的・社会的・文化的に不利な立場にいる子どもに対して、教育・福祉・文化の支援プログラムを提供することで、すべての子どもに対する均等な教育機会の保障を目指す事業」として新たな定義を行っている。すなわち、地域との連携を重視するアプローチから、個々の子どもに対する支援を重視するアプローチへと政策の方向性が変更され、そのうえで、より多くの子どもに対する教育機会の保障という普遍主義の側面が強調されることとなったといえる。

図表40　教育福祉優先支援事業の実施校数

区分	2003	2005	2006	2007	2008	2009	2010	2011	2012	2013	2014	2015	2016	2017
教育福祉士の常駐校	45	82	163	322	322	538	534	1285	1463	1558	1538	1478	1515	1525
教育福祉士の非常駐校			4					71	338	275	1828	2750	2953	3226
合計	45	82	167	322	322	538	**534**	**1356**	1801	1833	1828	2750	2953	3226

　このような傾向は、特にソウル市で見受けられ、2015年に「進歩」派の教育監が当選してからは、量的な拡大を通じた普遍主義への展開が目指され、教育福祉優先支援事業の運営方法も大きく変更された。例えば、2014年に学校の選定基準が「法が定める低所得家庭の子どもの数が

40人以上から10人以上」に緩和されたことで、支援校の数が353校から828校に2倍以上増加した。一方、多少の予算の増加は見られるものの（47億ウォン）、量的拡大は必然として対象者一人当たりの支援額の縮小をもたらした。このような動きは、ソウル市の教育福祉優先支援事業が政策の面では選別主義に基づく集中的な支援から、一般学校までにその対象を広げる普遍主義へ変化していることを示すものといえる。しかし、このような変化は、子どもの教育的なニーズに対応したものというよりは、学校間に存在する財政支援の格差の軽減や、受給率を最大限伸ばすことを目的として、特に選挙を意識したものであったとの批判も少なくない[28]。

　さらに、地域による包括的なアプローチから、個人にターゲットを絞るアプローチへの変化は、個人をベースとする新自由主義的な教育改革とも親和性が高く、ここで注目すべきは実施プログラムの変化である。2006年から2011年までは学習プログラムが主流を占めていたが（全体の34.0〜43.6％）、地方移譲以降は文化・体験プログラムにとって代わっている。具体的には2011年（地方移譲）を境に、学習プログラムは40.5％から21.3％へ減少し、文化・体験プログラムは24.0％から47.6％へと増加しており[29]、これは平等な学習機会の提供に重きをおいてきた従来の中央政府の取組みについて、教育格差の是正には文化体験等、より多角的なアプローチが必要という地方の教育行政の認識があったことが推察される。

　事業の地方移譲によるデメリットとして、中央政府の権限が相対的に弱まり、地方における運営実態の把握が困難となったことや、サービスの提供に地域格差が生じていることが度々指摘されているが、以上のような実施プログラムの変化は、地域により適した独自の事業内

28　キム・フンホ、イ・ホジュン（2018）「教育福祉優先支援事業の教育的効果分析：ソウル市教育庁教育福祉特別支援事業を中心に」『教育行政学研究』Vol.36、No.5、p.378。

29　韓国教育開発院（2014）『2013年度教育福祉優先支援事業の現況』教育福祉優先支援事業中央研究支援センター、p.30《韓国語文献》。

容に改良された可能性を示唆するものといえる。次節では、二つの地域に対する学校調査に基づき、地方移譲による変化を確かめるとともに、同事業が学校現場にもたらしている変化を具体的に検証する。

第3節　ソウル市と江原道の実施例にみる学校現場における変化

　行政資料や韓国教育開発院（KEDI）の報告書、先行研究、マスコミの報道資料等から明らかになった教育福祉優先支援事業による学校現場における変化を確認するため、ソウル市（大都市）と江原道草束市（地方小都市）という二つの地域を選定し、事例分析を行った。具体的な方法としては、各教育庁が発行する事業マニュアルや報告書の分析、小・中学校におけるフィールド調査と関係者へのインタビュー（教育福祉の専門家6名、教師2名、ソウル市教育庁の担当者2名）[30]、または行政の担当者と教育福祉の専門家によるフォーカス・グループ・インタビュー（FGI）の実施である。この二つの地域を調査地域として選定した理由は、比較的多くの情報を開示していることに加え、それぞれが大都会と地方小都市として、事業の導入率（ソウル市63.6%、江原道15.4%）や各学校への予算配分額（ソウル市：9,609〜64,826千ウォン[31]、江原道：中心学校9,000〜20,000千ウォン[32]）に違いがみられ、事業の実施が地方に依存することによって生じる「格差」の側面をより鮮明に描き出すことがで

---

[30]　教育福祉優先支援事業に関する実態調査は、2017年8月から2020年1月にかけて、ソウル市N初等学校（1回）、江原道束草市のK初等学校（4回）、A中学校（6回）、ソウル市ノウォン区教育福祉センター（1回）への訪問調査を実施し、運営状況や課題を中心に教育福祉士への半構造化インタビューを行った。また、江原道束草市で行った教師らに対する半構造化インタビューでは、主に同事業の受け止め方に関する聞き取りを行った。

[31]　ソウル特別市教育庁（2018）『教育福祉優先支援事業基本計画』p.2《韓国語文献》。

[32]　江原道教育庁（2018）『幸せシェアリング（행복나눔）教育福祉優先支援事業基本計画』p.14《韓国語文献》。

きると考えたからである。

　また、2018年現在、ソウル市は政策導入時と同じく、学習、心理・情緒、文化・体験保健・福祉、運営支援という5つの領域を事業の基本的な枠組みとして維持しているのに対し、江原道の場合は新たな取組みとして、対象学生への個別的な支援（ケースワーク）が重視されるようになった。もとより、江原道は2014年に従来の5つの領域から学習プログラムの比重を減らし、支援学生への個別対応、教育福祉室の運営、地域ネットワーク事業という三つの領域に事業方式を大きく変更しており、これは地域の実態や喫緊のニーズに即して生じる「多様化」の側面として考えられる。以下、本節では、地方移譲による「格差」と「多様化」の実態を踏まえつつ、教育福祉優先支援事業が二つの地域の学校現場にもたらしている変化を実施内容、実施主体、実施方法の面から具体的に検証する。

(1)　多角的なアプローチによる実践

　2018年現在、江原道の教育福祉優先支援事業は「幸せシェアリング（행복나눔）教育福祉事業」という名前で実施されており、ソウル市と同じく、事業の対象者は低所得者、一人親、脱北者、多文化家庭、障害者等、十分な教育を受けることができない子どもとなっている。同事業の対象者については、教育部訓令第106号によってあらかじめ定められており、すべての地方において同じ基準が採用されている。同事業は社会的・経済的弱者により手厚い支援を行う点で、典型的な選別主義政策として分類できる。また、支援生徒の人数によって「拠点学校/一般学校」（ソウル市）や「重点学校/連携学校」（江原道）に分かれ、支援者の数が多い学校には教育福祉の専門家（教育福祉士）が優先的に配置される。

　本書では同事業の実態を把握するために数回に亘って学校調査（ソウル市N初等学校、江原道束草市S初等学校、A中学校）を実施したが、ソウ

ル市（人口約977万人、大都市）では2016年に事業の模範校として表彰された冠岳區のN初等学校を調査の対象とした。本校は2017年11月現在、全校生921人のうち190人（約20%）が支援学生であるため、拠点学校としての指定を受けており、教育福祉の専門家が配置され、多種多様な取組みが行われていた。

　具体的な実施内容をみると、①学習（マンツーマン指導、英語、読み聞かせ、長期休暇中の学習支援教室）、②文化・体験（サッカー、ボランティアなどのクラブ活動、週末活動、二世代支援など）、③心理・情緒（レジリエンス・プログラム、教師メンタリング等）、④保健・福祉（教育福祉室運営、歯科、朝食などの健康増進事業）、⑤支援・ネットワーク（運営支援、地域教育福祉共同体の運営）の5つの領域に分かれており、その中でも学習関連のプログラムに最も多くの予算が使われていた。

図表41　**教育福祉優先事業の実践現場**

撮影：筆者

| 江原道K小学校 | 江原道A中学校 |

　なお、ソウル市の行政資料[33]によれば、2019年現在、拠点・一般学校におけるプログラムの平均実施率は学習（30.1%）、文化・体験（65.9%）、心理・情緒（25.3%）、保健・福祉（29.1%）、進路・

---

[33]　ソウル特別市教育庁（2019）『2019学年度教育福祉優先事業基本計画』p.15《韓国語文献》。

教師同行（子ども達と教師による学外活動）（38.0%）、二世代支援（17.3%）となっており、学習プログラムが実施される学校は全体の約3割を占めている。

　一方、本書が実施した江原道草束市（人口約8万人、地方小都市）に対する学校調査では、2017年現在、学習関連のプログラムは殆ど実施されていないことが明らかになった。例えば、A中学校では、全校生908人のうち、約1割に当たる90人が支援の対象者（うち11人がカスタマイズされた支援の対象者）となっており、教育福祉の専門家（教育福祉士）が配置されていたが、実施内容を見ると、畑仕事の体験、大学訪問、職業体験、家族キャンプ、料理教室など、文化・体験のプログラムが大半を占めており、学習支援は導入されていなかった。このようなプログラムの運営について、教育福祉士のK・M氏は以下のように述べている。

　　本校では、当初からプログラムの実施よりもケースワークに力を入れてきました。江原道全体の方針をみても、学習プログラムよりも、個人一人ひとりのニーズに合ったケースワークを重視しています。（中略）正直に言って、この事業はケースワークだけをちゃんとやっても十分だと思います。年度末になると、予算が余るからと言って、学習や文化体験等のプログラムが強行されたりしますが、展示効果といいますか。見せるためのプログラムになりがちで、遊びだけに終わってしまうことも多く、本当の意味で子どもの成長に繋がるような努力が不足しているようにも感じます（下線は筆者）

　以上をまとめると、ソウル市の教育福祉優先支援事業では、学習関連のプログラムも一定の割合で実施されているが、江原道の場合はケースワークが中心となり、支援学生への個別的なケアにより力を入れている現状がうかがえた。先述の通り、江原道の教育福祉優先支援事業は2014年より、学習領域というカテゴリーを無くし、ケースワークに力を入れる

ように変更しており、事業の効果についても自尊心・学校適応能力といった情動的効果を重視している。

このように地方によって実態が異なっていることについては、17の地方（市・道）における教育福祉支援事業の実施内容をまとめた図表42からも確認できる。学習支援を実施している地方（③）は、ソウル市をはじめ5カ所となっており、子どもへの個別的なケースワークを重視している地方（⑥）は、江原道を含め4カ所となっている。また、ソウル市と江原道とともに、地域とのネットワークの構築（⑭）を進めている点では共通しているが、親への相談体制など、家族支援まで拡大した地域（⑬）はソウルを含め4カ所のみとなっていることが確認できる。

図表42 **2018年度市道別教育福祉優先支援事業の内容**（2017年10月現在）[34]

カテゴリー	領域	市・道
生徒	① カスタマイズされたプログラム/学生管理/統合カスタマイズ支援	光州/大田/蔚山/京畿/忠北/忠南/慶北/慶南/済州
	② 心理情緒/自尊心向上/モチベーションアップ/社会性向上/関係促進	ソウル/仁川/世宗/全北/慶北/慶南
	③ 学習中心統合支援/学習	ソウル/仁川/世宗/全北/慶南
	④ 文化体験支援統合支援/文化体験/文化疎外予防	ソウル/仁川/世宗/全北/慶北
	⑤ 保健福祉	ソウル/仁川/世宗/全北/
	⑥ 子どものケースワークの強化/統合管理/ケースワーク/成長支援プロジェクト	釜山/大邱/蔚山/江原道
	⑦ 学校適応力の強化/子どもの力量強化	釜山/大邱/全南
	⑧ プログラム/一般/特別/教師同行プログラム	大田/蔚山/光州

---

34 教育部（2018）『教育福祉優先支援事業の成果指標開発に関する研究』p.5《韓国語文献》。

学校	⑨ 教師中心事業推進/学校単位自律性の強化	京畿/忠北
	⑩ 幸せシェアリング・ルームの運営	江原道
	⑪ 教育課程連携/学校内の関連事業との連携/専門教師との協力	忠南
	⑫ 事業運営の効率化/事業運営支援/支援体制の強化/運営支援	ソウル/釜山/大邱/仁川/光州/大田/世宗/全南/慶北/慶南/済州
家族	⑬ 二世代家族支援/親の相談/家族機能の強化	ソウル/忠南/全南/釜山
地域	⑭ 地域ネットワークの活性化/地域ネットワークの構築/地域福祉共同体/地域教育福祉ネットワークの拡充/地域社会連携	ソウル/釜山/光州/大田/京畿/江原道/忠北/全北/全南/慶南

　以上より、地方移譲後、地方によって異なる事業内容となっている実態が明らかになったが、実施内容の大きな流れとしては、ソウル市のように2003年の政策導入時の原型（学習、心理情緒、文化体験、保健福祉、地域とのネットワーク構築）を維持しながら、家族支援や教師との関係改善等へと、その領域を拡大している地方と、江原道のように当初から子どもへの個別的なケースワークに力を入れている地方に分かれていることが判明した。また、このように地方によって異なる事業方式が進められるようになった理由については、本書が実施した教育行政と教育福祉の専門家によるフォーカス・グループ・インタビュー（FGI）[35]において、以下のようなことが示唆された。

　一般的にいいますと、多くの地方小都市では、教育福祉政策を主導する人材や資源など、教育インフラが十分ではありません。一

---

[35] 2020年1月21日に行われたFGIは、ノウォン区教育庁の担当者（児童青少年課の課長）、教育福祉士のプロジェクト・コーディネーター（北教育庁）、ノウォン区教育福祉センターの代表の3人を対象に2時間にわたって行われ、教育福祉優先支援事業の経年による変化や現在の主な課題について議論を行った。

方、ソウル市の場合は、もともと貧困地域に対する地域の支援活動が活発に行われてきた歴史があり、それによって人的ネットワークも組織化されてきています。このような教育インフラの違いから、教育福祉優先支援事業を導入する際に、ソウル市の場合は、これまで地域社会に根付いて活動していた学習支援団体などを取り込むような形で事業を始められたのですが、地方の場合は、地域社会におけるインフラの不足を理由に、地域社会へ外延を広げることよりも、個々の学校に教育福祉士を配置するという方法を取ったのです。つまり、「学校に人を置けばそれで十分」という発想のもと、教育福祉士という新たな人材を各学校に配置し、学校レベルにおいて事業を進める方法を採用したのです。これはどちらかというと、個別的なケアの重視という社会福祉的な側面が強く、学校全体や地域社会における構造化までは至りませんでした。（下線は筆者）

　以上の説明から、地方移譲以降、ソウル市と江原道において異なる事業内容が展開された背景として、大都市と地方小都市における教育インフラの格差、特に人材や地域ネットワーク等に違いが存在していたことが示唆された。このような地方間におけるインフラの格差は、実施内容にとどまらず、これから検討する実施主体（教育福祉の専門家）の役割にも違いを生じさせていることが浮き彫りとなった。

(2) 新たな空間「教育福祉室」および新たな人材「教育福祉士」の導入

　先述の通り、教育福祉優先支援事業は地方によって多少異なる内容が実施されているが、全ての地方において、いくつかの共通点も見出される。まず、「教育福祉室」という新たな空間（地方によって呼び方は異

なる）が設けられ、学習支援や文化体験、相談など、全ての子どもが利用できる憩いの場となっている[36]。もう一つ、この「教育福祉室」を管理する教育福祉の専門家として、「教育福祉士」という新たな人材が支援児童・生徒の数が多い学校に配置されるようになった。

　しかしながら、本書の調査では、地方によって異なる内容が実施されていることから、「教育福祉士」の位置づけや役割についても違いが生じている現状が明らかになった。このような違いについて、ソウル市N初等学校の教育福祉の専門家であるKさん（勤務6年目）と、江原道A中学校の教育福祉の専門家であるCさん（勤務6年目）は以下のように述べている。

【ソウル市N初等学校のKさん】

ソウル市では私たちのことを他の地方と違って、「教育福祉士」ではなく「地域社会教育専門家」と呼んでいます。これは、ソウル市の教育福祉優先支援事業が福祉に傾くことを避けたいことと関係しています。また、最近はWeeクラス（学校不適応生徒のためのクラス）や放課後学校など、教育福祉優先支援事業以外の教育福祉事業も実施されてはいますが、本事業の強みは学習支援にとどまらず、保護者を含めた地域との連携にあると思います。

【江原道A中学校Cさん】

教育福祉と社会福祉は同じものだと思います。何よりも大切なのは子どもの心のケアでしょう。ただ、学校では、最も子どもの状況を把握しやすく、また親にとっても一般行政よりも馴染みやすいので協力的です。また、民間団体も子ども達に直接役立つことができるので、色々と力を貸してくれます。

36　蔚山広域市e教育ニュース、2017年7月22日付《韓国語文献》。

撮影：筆者

ソウル市N初等学校

江原道束草市K初等学校

江原道束草市A中学校

　前項でも述べているが、ソウル市の場合は学習プログラムや教師との関係改善など、教育福祉における「教育」的な側面にも配慮しており、「地域社会教育専門家」という名前からも推察される通り、教育福祉の専門家は個々人へのケースワークにとどまらず、地域社会全体におけるネットワークの構築にも力を入れていることがわかった。これに対し、江原道の場合は、教育福祉の専門家を「教育福祉士」と呼んでおり、教育福祉士は「教育」の専門家よりも、日本のスクール・ソーシャルワーカーに近い「福祉」の専門家として捉えられる傾向にあった[37]。また、江原道の場合も地域社会とのネットワークの構築を重要な事業の一つとして掲げているものの、ネットワーク形成に関する具体的な方針は打ち出しておらず、教育福祉士の裁量のもと取り組んでいる現状が明らかになった。なお、このような教育福祉士が行う「カスタマイズされた支援」の詳細については、次節を参照されたい。

---

[37]　江原道教育庁学生支援課（2016）『幸せシェアリング（행복나눔）教育福祉事業研究調査報告書』《韓国語文献》。

(3) 学校内・学校間・地域社会における「包括的ケア」の ネットワークの形成

前項では教育福祉優先支援事業を通じて、教育福祉士という新たな教育福祉の専門家が学校に配置されるようになったことが明らかになり、教育福祉士が担う重要な役割の一つとして、学校を基盤とするネットワークの構築があった。現在、韓国の教育部が掲げている教育福祉優先支援事業の主な目標は、「教育的に不利な立場に置かれている子どものための統合的な支援網の構築」となっており[38]、子どもが抱える多様な問題を包括的・多角的なアプローチにより解決することを目指している。これについて、本書が行った実態調査では、学校内、学校間、学校と地域社会という三つの次元において、以下のように支援のネットワークが形成されていることが確認できた。

まず、学校内において教育福祉の取組みを推進する基本的な枠組みが整えられた。具体的には、教育福祉を担当する部署が設置され、そこが中心となって学校管理職や教育の専門家等から構成される「教育福祉総合支援チーム」等を結成し、校内の教育福祉に関する事業計画や予算の施行、支援の対象者に関する情報交換等を行っている。形骸的な運営に対する批判的な意見もあるものの、学校の中に教育福祉に関する常設化した協議・検討の場を設けたことは、学校現場に生じた大きな変化と考えられる。これについて、15年にわたって教育福祉の専門家として学校と地域社会とのネットワークの構築に携わってきたK・H氏（ソウル市北部教育庁、プロジェクト調整者Project Coordinator）は、次のように評価している。

> 学校という組織は、我々のような民間の実践家にとって決して近づきやすい存在ではありません。振り返ってみると、政策が導入されてからしばらくの間は、学校管理職の考え方によって、それ

---

[38] 韓国教育開発院（2017）『第6回KEDI未来教育政策フォーラム』pp.10-11《韓国語文献》。

ぞれの学校での教育福祉の実施内容が大きく異なっていました。

しかし、導入から17年も経った今は、<u>どの学校においても教育福祉を担当する部署や教育福祉の専門家が「当たり前」のように存在し、教育福祉の取組みは日常的なものとなりました。</u>教育福祉が学校の中に浸透し、学校の教育課程の中に組み込まれ、構造化されたのです。<u>このように支援体制がシステム化されたこと、制度化されたことによって、みんなの認識にも変化が生じ、もう学校管理職の個人的な考え方に左右されることは少なくなりました</u>。今まで卓越性を重視してきた学校では、当初、なぜ先生たちが福祉のことまで関わらないといけないのかという反発も多かったのです。しかし、<u>学校活動の一部として制度化され、教育福祉の専門家も交えた話し合いの議論の場を日常的に設けることで、教育関係者と教育福祉の専門家が子どもたちの変化を一緒に経験し、その良さを認め合い同事業は定着できた</u>と思います。（下線は筆者）

　ここで特に注目すべき点は、ソウルの場合、学校の中に教育福祉の専門家を配置するに当たり、これまで地域の民間セクターで教育福祉の実践に携わってきた人材を積極的に採用し、効果的な官民連携を図ったことである。すなわち、既に存在していた民間の支援団体と学校とのネットワークは、2003年の事業導入をきっかけに国の政策として「公共化」され、その際に、これまで地域社会で活動してきた実践家たちは、「官」と「民」の媒介者として、学校現場や教育行政において教育福祉事業の方向性を決める重要なポストに就いたのである。このように地域の人材を登用したことは、本節が次に検討する学校間におけるネットワークの促進にも寄与するものであった。ソウル市と江原道ともに、教育福祉の専門家（教育福祉士）が中心となって「地域教育福祉センター」等のハブ機関を通じてネットワークを形成し、隣接学校と情報交換等を行うな

ど、学校間の協力体制の構築を目指しており、上記のK.H氏によれば、地域の人材を活用したことで、学校間の連携が容易になったという。なお、図表44は教育福祉優先支援事業によって形成された学校内および学校間におけるネットワークの実例を図で表したものである。

図表44 学校内および学校間におけるネットワーク(学校調査をもとに筆者作成)

学校内のネットワーク　　　　　　　学校間のネットワーク

　さらに、本書の調査では、地域人材の登用が学校と地域社会の連携・協働体制の構築に大きな影響を及ぼしたことが関係者へのインタビューから明らかになった。既に触れたように、教育福祉優先支援事業の導入は、これまで地域社会で「民」が担ってきた教育福祉の取組みが「官」と繋がり、公式なものに変わる大きな制度的転換点となった。特にソウル市の場合、教育福祉の活動家たちは地域社会が抱える子どもの貧困やケアの問題を「官」との連携を通じて解決することを目指して、ソウル市教育庁の「プロジェクト調整者（PC）」や学校の「地域社会教育専門家（教育福祉士）」というポストに就き、教育福祉の取組みに関する教育行政の中心的な存在となった[39]。すなわち、韓国の事例からは、このよ

---

39 キム・ジソン、ヤン・ビョンチャン（2019）「ノウォン区教育福祉ネットワークのガバナンス実践：『頼らない』主体の形成」平成教育学研究、Vol.25、No.4、pp. 57-87《韓国語文献》。

うに「民」からの人材を教育行政の適材適所に配置したことが官民共同のネットワークの形成の原動力になったことが示唆された。

図表45　学校と地域社会とのネットワークの内容

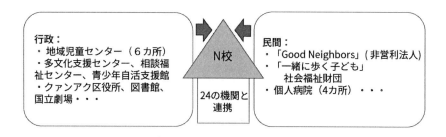

ソウル市のケース

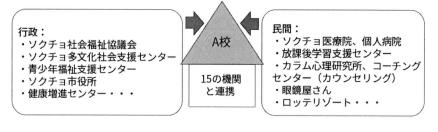

江原道のケース

　図表45は本書の学校調査に基づき、教育福祉士によって形成された学校と地域社会のネットワークの実例を図で示しているものであるが、両地方ともに福祉施設等の行政機関だけではなく、非営利団体や個人事業者などの民間とのネットワークも形成されていることがわかる。なお、両地方の事例校における予算については、民間からの支援金が教育庁による学校予算に匹敵するものとなっていた。これは、学校と地域社会とのネットワークの形成により、地域社会の物的資源が実際に学校現場における教育福祉へ活用されるようになったことを示すものといえる。

　また、図表46はソウル市教育庁が提案する事業モデルであるが、学

校-地域社会-教育協力機関-福祉機関-民間機関による連携を通じて、教育福祉と社会福祉の協業に対する構造化を目指していることがわかる。但し、教育福祉優先支援事業のモデルとなったフランスのZEPにおいては、教育支援の持続性を図るために、小・中学校間のネットワーキングが重視されているのに対し、韓国においては教育機関と福祉機関とのネットワーキングを中心に事業が進められていることが確認できる[40]。

図表46 **ソウル市教育庁が提案する教育福祉優先支援事業の事業モデル[41]**

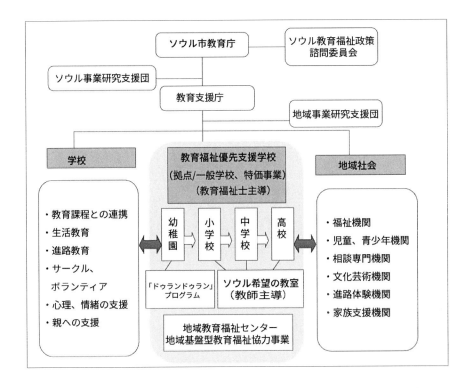

---

40 イ・ヨンラン、キム・ミン（2018）「フランスの地域社会の教育共同体の現況：教育政策と地域社会開発政策の構造化されたネットワーキング」『マウル教育共同体運動の世界的な動向と課題』pp.145-170《韓国語文献》。

41 ソウル特別市教育庁（2019）『2019年度教育福祉優先支援事業運営マニュアル』p.3《韓国語文献》。

教育福祉士は図表46の左下の部分、すなわち学校を基盤とし、教育課程との連携や生活教育、親への支援などを行いながら、地域社会と学校を繋ぐ役割を果たしている。一方、教育福祉優先支援事業には教師による「希望の教室」という取組みも含まれており、教師の参加も前提となっていることがわかる。教育福祉優先支援事業では、教育福祉士と協働で実施する「師弟同行（사제동행）」という教師のメンタリングプログラムも存在しているが、「希望の教室」という新しい取組みを通じて、より一層教師主導のプログラムの実施を可能にし、教師の教育福祉事業への積極的な参加を目指している[42]。

図表47　教育福祉士と地域住民の会議の様子（江原道Ａ中学校）

撮影：教育福祉士KM氏

　以上より、教育福祉優先支援事業によって学校内、学校間、学校と地域社会に形成された「包括的ケアのネットワーク」の内実を検討し、社会関係資本の構成要素であるネットワークの実態を明らかにした。その中で、ネットワークの構築にあたっては、新たに学校に配置された教育

---

[42]　キム・ユリ（2017）『希望の教室の運営の効果分析および改善の方案』ソウル特別市教育庁教育情報研究院、p.3《韓国語文献》。

福祉士の存在が欠かせない役割を果たしていることが見えてきた。

第4節　子どもを中心に据えた教育福祉への模索

　本節では、学校現場における教育福祉の専門家（教育福祉士）および教師の実践というミクロレベルに焦点を当て、同事業による社会関係資本の醸成に向けた実践的意義について考察する。

　教育福祉優先支援事業の導入の初期段階においては、社会的・経済的に不利な立場に置かれている子どもに対して、より手厚い支援を行うという漠然とした目標しか挙げられていなかったが、時間の経過とともに、教育福祉の取組みには単なる物的支援のみならず、子どもの個別的な「生」の問題への具体的なアプローチが不可欠であることや、子どもの関係づくり（社会関係資本の醸成）が核心的に重要であるという認識が高まった[43]。教育格差是正策における社会関係資本の可能性については、序章の先行研究においても述べているが、子どもの学力や学習意欲は家庭環境よりも関係性への満足感や帰属感など、子ども同士のつながりや教師との関係が大きく関わっているとされる[44]。

　以上を踏まえ、本節では、教育福祉優先支援事業の実践における構造的な特性を明らかにすることを通じて、「社会関係資本醸成型」政策の特徴をより鮮明に描き出すとともに、子どもの貧困対策としての学校のプラットフォームの構築に向けて、教育福祉の専門家および教師が果たしうる役割について新たな知見を示すことを目指す。そのために、まず、同事業の効果に関する先行研究を概観し、検討の視座を明らかにする。そのうえで、現在のニーズの充足を重視し、生活支援の側面をもつ

---

[43]　キム・ヨンサム他（2009）「教育福祉、一歩先に目指して」『初等ウリ教育』《韓国語文献》。
[44]　柏木智子（2017）「ケアする学校教育への挑戦」『子どもの貧困対策と教育支援：より良い政策・連携・協働のために』明石書店、pp.110-112。

「福祉」からのアプローチとして教育福祉士の実践内容に着目し、行政資料やインタビュー調査等に基づき、子ども一人ひとりのウェルビーイングを目指す同事業の意義や諸課題を考察する。最後は、子どもの将来へのレデイネスや発達保障を重視する「教育」からのアプローチとして教師が中心となる「希望の教室」という取組みを取り上げ、教師が教育福祉の取組みに関わる意義について考察を行う。

(1) 教育福祉優先支援事業の効果をめぐる議論

　これまで教育福祉優先支援事業の効果に関する先行研究を整理すると、学業の成果や基礎学力の向上等の認知能力（cognitive skill）に着目した研究と、学校生活の満足度や社会性、学校適応力、自己効力感（self-efficacy）といった社会的・情動的な非認知能力（non-cognitive skill）に着目した研究に大別できる。政策の効果を認知・非認知能力に分けて検証することは、諸外国における教育格差是正策の評価においてもしばしば見られることであるが、概ね、認知能力よりも非認知能力の向上について肯定的な評価がなされている[45]。このような傾向は、韓国の教育福祉優先支援事業についても同様に確認され、学力等の認知能力の向上については限定的・否定的に捉える研究も散見され、例えば、国のシンクタンクである韓国教育開発院（KEDI）が行った大規模な効果研究[46]では、中学生に対する効果は殆ど見られなかったと結論付けている。

　もともと、このように事業の効果について異なる結果が導かれるのは、政策の効果をどのように捉えるのか、また誰を分析対象にするかに起因するところが大きい。同事業の効果については、従来の研究が一般的、平均的な効果に着目し、支援の対象となる子ども一人ひとりの個性

45　代表的な例として、2010年にU.S. Department of Health and Human Servicesによって実施された"Head Start Impact Study Final Report"が挙げられる。

46　リュウ・バンラン（2012）『教育福祉優先支援事業に関する縦断的効果分析研究（3年次）』韓国教育開発院《韓国語文献》。

を十分に反映してこなかったことや、子どもと学校という二つの次元に対する総合的な効果を捉える視点に欠けていることが指摘されている[47]。さらに、同事業の効果研究は地方移譲（2011年）の前後で実施されたものが多く、近年の普遍主義への移行による変化を検証した研究は管見の限り少ない。これらの点を踏まえ、以下では、子どもの社会関係資本の醸成の観点から、同事業がそれぞれの学校において、実際にどのような意味を持って実施されているのかを検証する。

　ここで本書の分析の視点である社会関係資本について、具体的に述べることとする。そもそも社会関係資本の定義については、その重要性を唱える論者の間でも完全に一致した理解が得られておらず、例えば、共通の地域・家庭・学校・宗教・職業などを背景にアクターの行為を促し目標を達成するための生産的な関係性（Coleman）や信頼・規範・ネットワーク（Putnam）、社会的な義務ないし連係（Bourdieu）など、その定義は様々である。しかし、いずれも社会関係資本が個人または組織の行為を促し、他の資本と同じく生産的で、特定の目標を達成しうるものとして捉えている点では共通している[48]。

　本書では、序章で述べている通り、社会関係資本を「個人レベルにおける信頼関係や組織レベルにおけるネットワーク等からなる関係性に基盤を置く有形・無形の資本」として定義しているが、組織レベルにおけるネットワークについては、第3章および第4章において、学校を基盤として形成されたネットワークの特徴を描き出している。これに加え、本節では個人レベルにおける社会関係資本である信頼関係に着目し、教育福祉士および教師の実践内容について分析を行う。その中で、子どもに対する厳密な効果の検証は行わず、提供する側の実践の構造的な特徴を導き出すことに焦点を当てる。

　教育福祉の取組みにおける子どもの関係づくりの重要性については、先行研究の知見のみならず、本書が行った多数のインタビュー調査から

---

[47]　キム・フンホ（2018）、前掲書、p.377-379《韓国語文献》。

[48]　佐藤誠（2003）「社会資本とソーシャル・キャピタル」『立命館国際研究』pp.1-30。

も、教育福祉の核心的な部分として「関係を通じた成長」を強調する意見が多く聞かれた。例えば、民間の地域活動家として、長年教育福祉の実践に携わってきたK・J氏（ソウル市ノウォン区庁児童青少年課の課長）は、以下のように述べている[49]。

　　子どもには一人でも意味を与えてくれる人がいたら、それが成長の原動力に繋がります。長い時間を要するかもしれませんが、結局、教育と人間関係だけが貧困から抜け出せる唯一の手段となります。つまり、意味のある他者をどう見つけさせるのか。これが子どもを中心に据えた教育福祉の重要な要素となるのです。事業の効果をどうみるかについては様々な意見がありますが、子どもの関係づくりを量的にも質的にも充実していくことが重要です。（下線は筆者）

　これは教育格差是正策における子どもの関係づくりの重要性を述べているものといえるが、次はそのような目的を達成するために、実際に同事業において、どのような工夫がなされているのか、その構造的特徴を探る。

(2)　教育福祉士による「カスタマイズされた支援」の実践内容

　これまでの内容からすると、教育福祉優先支援事業は選別主義的な「社会関係資本醸成型」として分類されるが、「社会関係資本醸成型」の政策は、関係づくりやケア、社会参加の観点から、画一的な経済支援よりも多様的・個別的なアプローチを重視している点が特徴として挙げられる。本項では、こうした「社会関係資本醸成型」の政策理念が実際

に教育福祉優先支援事業において、どのような実態を持つかを検証するために教育福祉の専門家として新たに学校現場に導入された教育福祉士の実践内容に注目する。

　近年、日本における子どもの貧困対策においても、学校が重要な役割を担うようになり、特に「子どもの貧困対策に関する大綱」（2014年）では、学校を子どもの貧困対策のプラットフォームとして位置づけながら、教員には「学校教育における学力保障」を、スクールソーシャルワーカー（SSW）には「学校を窓口として、貧困家庭の子どもたち等を早期の段階で生活支援や福祉制度につなげる」ことを固有の役割として明示している[50]。韓国の教育福祉士も地域社会や福祉行政との連携など、日本のスクールソーシャルワーカー（SSW）と同様の役割が期待されているが、その一方で、学校の中において個々の子どもの社会的・情緒的なニーズに即した多様なプログラムを実施できる点や、教師と子どもの関係改善にも積極的に関与している点が特徴といえる。このような取組みについて、近年、教育行政のマニュアルでは「カスタマイズされた支援（맞춤형지원）」という用語が散見されるようになったが、本項では教育福祉士が行う実践の内実を明らかにし、とりわけ「カスタマイズされた支援」が実際にどのように行われているかを明らかにすべく、二つの地（ソウル市と江原道）における行政資料やインタビュー調査を中心に実態分析を行った。

① 子どもの生活世界への理解のための工夫

　なぜ学校現場では子どもの貧困が見えないのかについて、日本では政策レベルにおける要因として、「教育と福祉の分離」、すなわち、教育行政や児童福祉行政の連携の不足が指摘されることが多い[51]。このよう

50　末冨芳（2016）「子どもの貧困対策のプラットフォームとしての 学校の役割」『研究紀要』日本大学文理学部人文科学研究所、No.91、pp.25-44。

51　中嶋哲彦（2013）「子どもの貧困削減の総合的施策」『教育機会 格差と教育行政』福村出版、pp.83-101。

に「教育」と「福祉」が交錯する状況は韓国においても同様にみられるが、その中でも韓国の教育福祉士に期待される役割は、どちらかというと、子どもの生活支援者として「福祉」からのアプローチに該当する。但し、日本のスクールソーシャルワーカー（SSW）とは以下のような相違点が見られる。

　まず、教育福祉士には支援の対象となる個々の子どもに対する金銭的な支援の内容を決める権限が与えられている。同事業では、学校全体に対する予算の他にも、対象者一人ひとりに対する金銭的な支援が行われるが、教育福祉士は予算の範囲内で、それぞれの子どもへの支援の内容を決めることができる。これをソウル市は「個人の成長のための子どもにカスタマイズされた支援」、江原道は「ケースワーク（사례관리）」と称しているが、効果的かつ迅速な経済的支援のためにも、教育福祉士には普段の生活の中で、生活態度や健康、家族生活など、子どもの生活世界を把握しておくことが求められる。例えば、ソウル市の事業マニュアルでは、教育福祉士の判断で行える「カスタマイズされた支援」として、体験学習費や病院代、眼鏡代、カウンセリングの費用、学校用品の購入などを例示しており[52]、同じく詳細なマニュアルが存在しない江原道の場合もインタビュー調査から、衣服の提供や病院代等、同様の内容のサービスが提供されていることが確認できた。

　また、ここで特徴的なのは、教育福祉士には個々の子どもの多様なニーズに即した支援のために、「家族機能の強化」という役割が期待されている点である。ソウル市の場合は、家庭訪問、個々の学校における親のカウンセリング・家族キャンプの実施、隣接の学校や地域社会との家族支援プログラムの共同実施の三つを奨励しているが、実際のところ、このような保護者までを対象とする同事業の取組みは実施度合いの差はあるものの、すべての地方の運営マニュアルにおいて確認できる。なお、家族全体を支援することの重要性について、江原道の教育福祉士で

52　ソウル特別市教育庁（2018）『教育福祉優先支援基本計画・運営マニュアル』p.129《韓国語文献》。

あるK・M氏からは、以下のようなことが聞かれた。

> 子どもの問題は親が原因となることが本当に多いです。子ど
> もには心理的な安定が何よりも大切ですが、そのためには、
> <u>家庭訪問を通じて家の環境を把握し、必要に応じて社会福祉
> や他の行政機関につなげること</u>が必要不可欠です。行政機関
> には非協力的な保護者達も、子どもが通う学校からの訪問だ
> と、家のドアを開けてくれるケースが多いです。一例を挙げる
> と、家庭訪問を通して、最近学校で問題を起こしていたある
> 児童の母親がうつ病を患っていることが分かって、福祉行政
> からの支援を受けるようにしましたが、親の回復につれて、
> 子どもの生活態度が見違えるほど改善したのです。<u>家族を巻き
> 込む必要性</u>を改めて実感した出来事でした。（下線は筆者）

　以上、韓国における教育福祉士の実践では、子ども一人ひとりの生
活世界への理解を促進させる工夫として、教育福祉士に金銭的な支援内
容を決める権限を与え、個々の子どもに対するきめ細かいケアを可能に
したほか、子どもの日常的な生活世界に関わることの必然的な帰結とし
て、家族全体に対する支援も重視している現状が確認できた。

② 形式的なプログラム運営への反省

　韓国の教育福祉士は対象となる子どもへの選別主義的な生活支援だけ
ではなく、必要に応じて、学習や文化、体験など、他の子どもたちも参
加可能なプログラムを実施できる点が大きな特徴の一つである。その一
方で、2019年度にソウル市が発行している教育福祉優先支援事業の基本
計画をみると、「事業ではなく教育として、また福祉の供給ではなく子
どもの成長への支援として」というフレーズが書かれている[53]。これまで

53　ソウル特別市教育庁（2019）『2019学年度教育福祉優先支援事業基本計画』p.18《韓国語文献》。

同事業については、「百貨店のようなプログラムの運営」、すなわち単なるプログラムの提供に傾斜することがしばしば問題として指摘されてきたが、このようなフレーズが行政文書にまで書かれるようになったのは、同事業の形式的な運営に対する反省が共通の認識として定着していることを示唆している。

　もとより、韓国における教育福祉政策は、学校現場において自主的・自発的に始まった取組みではなく、教育部や政府、国会によって拡大してきた経緯があり、このような政治主導は目に見える成果を求める傾向を生み[54]、その結果として、プログラムの提供それ自体を事業の成果として考える風土が作られた。プログラム運営の形式化・形骸化に関する批判は、先行研究や報告書だけではなく、筆者が実施したすべてのインタビュー調査においても指摘されたことであり、インタビューを受けた全員の教育福祉士（6人）は、総じて、何らかの形で形式的なプログラム運営への改善を図っていることがうかがえた。

> 事業を導入して間もない時期は、みんなで食べて遊ぶのが教育福祉だという誤った認識をもっていました。それが今は最初と比べ、予算が三分の一になったことで、本当に子どもに必要な取組みは何かと、真剣に考えるようになりました。ある意味、時間の経過とともに、制度が成熟してきたと思います。今はあまり意味のないプログラムを画一的に実施するよりも、困難を抱えている子ども一人ひとりのニーズは何かを把握し、事業計画を立てるようにしています。（江原道の教育福祉士、K・M氏）

> 正直にいいますと、プログラムの方がケースワークよりも楽です。というのも、講師にお金を払って依頼すれば、全部やってく

---

[54]　ハン・マンギル（2018）「脆弱集団のための教育福祉政策は進化できるのか」『教育福祉優先支援事業ニュースレター3号』中央教育福祉支援センター《韓国語文献》。

れますから。実際に1週間に1、2回、フード・セラピーや園芸など、講師を呼んでプログラムを実施したことがありますが、あまり効果を感じませんでした。特に中学生の場合は、放課後に学校に残ることを嫌がる子が多く、とても自主的な参加にはなりませんでした。（江原道の教育福祉士、J・U氏）

当センターでは、前もってプログラムを作成し、それに基づき子どもを集める方式をやめました。その代わりに、今は子どもたちが気軽に当センターに出入りするような工夫をして（例えば、遊具の貸し出しや読書スペースの開放等）、自然な形で子ども一人ひとりに触れ合うように努め、その声を拾って取組みの内容を決めるようにしています。（ソウル市ノウォン区教育福祉センター理事、B・U氏）（下線は筆者）

　以上のインタビューからは、子どもの自発性を引き出すためにも、形式にとらわれないプログラムの運営が重要であり、またケアは個人を基軸とする概念であるため、質の高い教育福祉の実践には、子ども一人ひとりの違いを考慮したきめ細かい対応が求められることが示された。
　もう一点注目すべきは、こうした形骸的・形式的な運営と関連して課題として浮かび上がったのが、事後の満足度調査という手法である。現在、殆どすべての地方において、満足度調査という手法が効果分析の方法として実施されているが、その内容をみると、単に受ける側の嗜好を確認するものが多く、受ける側の自発的な参加や声が十分に反映されているとは言い難い。この背景には、個人の選択や多様性を重視する新自由主義の「教育消費者」の視点も影響を及ぼしていると考えられるが、現在実施されている満足度調査からは、子どもが実際にどのようなプロセスを経て、いかなる変化を経験しているかという、質的な面からの知

見を得ることは難しいと思われる。かつてYoung[55]は福祉国家における脱政治（depoliticization）の問題、すなわち、公衆が単なる顧客・消費者（client-consumer）に転落してしまうことを問題として指摘していたが、満足度調査においては、子どもを単なる事業の「対象（object）」として捉えてしまうのではないかという懸念も存在する。管見の限り、子ども自身が実際に教育福祉の取組みを通じて経験した変化や効果について自ら語る研究は殆ど存在しないが、「ウェルビーイングや貧困に関する認識と理解は大人と子どもで異なり得る」という指摘[56]もあるように、子どもに生じた変化を子ども自身の目線で検証することが必要と思われる。

　また、このような個々の子どもにターゲットを絞る取組みは、選別主義の要素が強いため、ステイグマの問題や、福祉に依存してしまう「福祉病」を招いてしまうことが考えられる。次は、こうした選別主義の課題を解決するために、実際に教育福祉優先支援事業においては、どのような工夫がなされているかを検討する。

③より普遍主義的なアプローチのための教師との協働

　一般的に教育格差是正策においては、選別主義によるステイグマの問題が子どもの自発的な参加を妨げる大きな要因とされてきた。その点、韓国の場合も教育福祉士が選別主義的な生活支援にとどまらず、普遍主義の観点から、全ての子どもとの社会的相互作用を通じた発達支援にも力を入れている点が特徴的といえる。また、筆者が行ったインタビュー調査では、教育福祉士がこのような選別主義と普遍主義のバランスのとれたアプローチを効果的に進めていくには、教育関係者（学校管理職や教師）との協働が最も重要なカギとなることが示唆された。実際のところ、殆ど全ての地方において「教師メンタリング」や「教師同行」といった名前で、教育福祉士が主導する教師と子どもの関係改善プログラム

---

55 Young,I.M.(1990) *Justice and the Politics of Difference,* Princeton University Press,pp.66-95.

56 埋橋孝文（2015）『子どもの貧困／不利／困難を考えるⅠ：理論的アプローチと各国の取組み』ミネルヴァ書房、p.222。

が導入されており、例えば、本書の調査校であった江原道のS初等学校においては、以下のような内容で「教師メンタリング（사제동행）」が行われていた。

「教師メンタリング」は、教師にも子ども達にも大変人気があります。プログラムの内容は教育福祉士である私が決めますが、例えば、対象となる子どもと先生がソウルに行って、一緒に有名な食堂を探すことや「大学路」で講演をみること等、様々なタスクを設定します。先生たちは大変と言いながらも、子どもたちが喜んでいる姿を見て満足してくれます。最近は予算が大きく削減されましたが、このような取組みはお金がかかるものではありません。一日バスを借りても70万ウォンしかかからないし、先生を含め35人程度参加できますが、すべてをあわせても200万ウォンもかからないです。

（江原道教育福祉士 J・U氏）（下線は筆者）

　以上のように、教育福祉士は学校が定める教育課程以外の活動を通して、教師と子どもの関係づくりを促す働きかけを行っており、その際に、支援対象となる生徒だけではなく、一定の割合で友達や先生が指定するクラスメイト等、他の生徒も参加できるようなプログラムの設計を行っている。これは、支援対象となる子どもと他の子どもの「線引き」が見えないようにし、また選別された者に対する「追加される」支援という認識を与えないために、他の子ども達との関係性の中で手厚い支援が模索される試みといえる。さらに言えば、教育福祉士は選別的・個別的な支援にとどまらず、普段の学校生活の中で居場所を見つけさせることや、友達や先生との関係づくりを直接サポートすることで、子どもが主体性をもって成長できるような配慮をしているといえる。このような現場の取組みは、普遍主義と選別主義のバランスのとれた教育福祉の実践について有用な知見を提供してくれる。次は教師主導のプログラムで

ある「希望の教室」において、普遍主義と選別主義の調和がいかに図られているのかを検討する。

(3) 教師主導型の教育福祉の取組み「希望の教室」

本項では、教育福祉の取組みにおける教師の役割に関する議論を踏まえつつ、子どもを中心とした教育福祉の実現に教師が関わることの実践的意義を探る。とりわけ、教育福祉優先支援事業の一環として、教師主導で進められる「希望の教室」に着目し、その内実を明らかにする。

① 教育福祉の取組みにおける教師の役割に関する議論

序章の先行研究でも述べたように、韓国における教育福祉は、個人の潜在能力の顕在化や学校活動への参加、有意味な学びを重視しており、これは単なる社会福祉事業やケースワークとは異なる側面を有する。また、このような教育福祉の実現には、教師の積極的・自主的な参加が重要なポイントとなるが、教師の関わりは自立のためのレデイネスや発達保障を重視している点で「教育」からのアプローチとして位置付けられる。現行制度の下では、教師は教授活動に専念されることが期待され、子どもに対する十分なケアを行うには、業務負担や時間的な制約が存在する。その一方で、近年は十分な子どもの発達を保障するには、教育とケアを完全に分離することは難しく、また、発達の観点からすると、アカデミックな学力の保障と身体的・情緒的・社会的な諸発達の保障を分けることは決して効果的ではないという発想が共通認識となっている[57]。

韓国の場合、教育福祉の実践において、教師の積極的・自主的な参加が不可欠であることについては、例えば、キム・ジョンウォン[58]は、教育福祉優先支援事業の主たる目的は「関係性の回復」を通じ

57　山下晃一（2004）「米国教育行政における総合的児童支援施策の生成と展開-組織間協働（inter-agency work）の生成過程を中心に」『和歌山大学教育学部教育実践総合センター紀要』（14）p.88。

58　キム・ジョンウォン（2007）「教育福祉と学校の役割：教育福祉投資優先地域の支援事業を中心

た情緒的な発達、すなわち、これまで学校生活の中で取り残された子ども達と教師との関係づくりであり、教育福祉の捉え方についても「欠如に対する支援」ではなく、「断絶された関係性の回復ないし新しい関係づくり」として捉えるべきという。また、教育福祉優先支援事業において、このような文脈で行われた先行研究を概観すると、教師の業務負担や教育福祉の専門家との連携の難しさといった構造的な面から問題点を指摘する研究と、教師の関与のあり方を論じる研究に大別できる。後者については、例えば、教師の主な役割を教科教育と考えた場合と、子どものウェルビーイングと考えた場合では、事業の様相が異なってくることを検証したキムの研究[59]や、同事業の究極的な目的を今まで教育の現場で疎外されてきた子ども達の授業への包摂としながら、学校の技術的な核心（technical core）である授業と政策の整合性を論じる研究[60]等が挙げられる。

　一方、筆者が行った教師へのインタビュー調査[61]においては、教育福祉の取組みについて「政治家による税金のバラマキ」や「教師の役割のない地域ネットワーク」といった否定的な意見も聞かれ、先行研究の指摘通り、教師と教育福祉士との協働には未だ多くの課題が残っている現状がうかがえた。こうした中、教師の教育福祉へ自発的な参加やの理解を促進するために導入されたのが「希望の教室」という新たな取組みである。

　2013年に光州市で始まった「希望の教室」は、教育福祉優先支援事業の一環として、教師が自分の意志に基づき、多様な課題を抱えている子どもに対して財政的な支援を受けながら、1年間にわたって学習支援、文化体験、進路相談、ボランティア活動といったプログラムを行う取組み

　　　に」『教育社会学研究』Vol.17、No.4、pp. 56《韓国語研究》。

59　キム・ジョンウォン（2007）、前掲書、pp.35-61《韓国語文献》。

60　キム・ヒョンソン（2015）「単位学校『教育福祉優先支援事業』の施行事例分析—Lipskyのストリートレベルの官僚制理論を中心に」ソウル大学修士論文《韓国語文献》。

61　2017年11月26日に、江原道束草市K初等学校に勤める二人の教師に対して、教師の「教育福祉」の受け止め方について、2時間かけて半構造化インタビューを実施した。

である。光州市をベンチマークとし、2019年現在、ソウル市やプサン、太田、世宗市等で導入されており、例えばソウル市の場合は2018年現在、小中高の6,000チームに対して、1年間42億ウォン（約4億2千万円）が支給されている。光州市では小学校の担任先生が中心となる取組みが、ソウル市では高校の先生による進路体験が重視される傾向が見られるが、このように地方によって異なる取組みが実施されるのは、地方移譲がもたらした多様化の側面といえる。「希望の教室」は、教師の自主的な参加を引き出し、ニーズの高い子どもに対する具体的・本質的な理解を促すことや、教師が中心となることで単なる社会福祉事業とは異なり、教育福祉の取組みを学校の教育課程とリンクさせることが容易となること、そして学級型、学年型、サークル型という多様な進め方が推奨されるため、より普遍的なアプローチが可能となることが長所として挙げられる。そのため、「希望の教室」の取組みを検討することは、教育福祉の取組みを進めていくうえで、教師が担える役割について、より具体的な知見を与えるものと思われる。

② 光州市「希望の教室」の手記集の分析から見えてくるもの

　2013年に光州市で始まった「希望の教室」は、不利な環境に置かれている子どもを対象に教師がボランティアとしてメンター（相談者）となり、学校適応を促進させるための教室文化改善のプロジェクトである。具体的な実施内容は教師の裁量に任せられているが、読書活動をはじめとする学習支援や、野球場、映画館、劇場等を訪問する文化・体験活動、ボランティア活動や才能寄付（talent donation）などが提示されている。教師は新学期に学級またはサークル単位での活動計画書を作成・提出し、それが採用されたら、年間50万ウォン（約5万円、2019年光州市の場合）の活動費が支給される。光州市が提案している「希望の教室」における活動内容をみると[62]、ボランティア活動（才能寄付等）、文化・体

62　光州広域市教育庁（2018）『光州希望の教室運営計画』《韓国語文献》。

験プログラム、心理・情緒プログラム（メンタリング、ピア活動等）、進路プログラム（職業体験等）、生活支援（衣食住関連の物品の提供等）、学習プログラム（ピア・ラーニングを通した共同学習等）の6つの領域に分かれており、これはクリエイティブな体験活動の強化を通じて公教育の再生を目指す政府の方針とも一致するものといえる[63]。

　本項ではこうした「希望の教室」の具体的な実践の内容を検討し、子ども達の何を支え、いかなる仕組みの中で子どもの社会関係資本が醸成されているのかを明らかにする。分析は光州市が2018年に発行した『光州希望の教室物語』における教師の手記（40名）を用いて、活動内容の把握とともに、そのような活動が子ども達に与える影響と教師の「気づき」について検討を行う。

　第一に対象者について、教師は新学期に様々な課題を抱えている生徒を集め、活動をスタートさせていた。対象者の選定に関する明確な基準は存在せず、低所得者層にターゲットを絞るケースが多かったが、クラスの全員を対象とするケースも存在した（例えば、5番[64]）。対象範囲については先生の判断に委ねられていたが、ここで特徴的なのは、経済的な側面だけではなく、学校適応に課題を抱えている子ども、例えば、友達との関係づくりが苦手な子どもや、自己肯定感が低い子どもも対象としており、子どもの課題をより多角的に捉えていることがうかがえた。また、実践の中で他の子ども達も参加させることで、選別主義的な取組みが子どもにもたらすステイグマ（stigma）の問題の軽減にも配慮していた。

　第二に、実施内容は大きく分けて、日常的な学校生活における手厚いケアと、教室の外の非日常的な体験活動を通したコミュニケーションの促進という二つのアプローチに分かれていた。前者の例は、教師による補習学習や相談活動のほか、放課後に他の子ども達と過ごす時間の確

63　ソン・ミジ、チャ・ソンヒョン（2019）「希望の教室の政策施行過程における教育の職務環境に対する対応行為の理解：Lipskyのストリートレベル（street-level）官僚モデルを中心に」『教育文化研究』25(2)、pp.33-55《韓国語文献》。

64　本項における番号は、光州市の手記集における手記の番号である。

保（19番）や、手紙の交換（17番）、問題集や学用品の提供（15番）等
が挙げられる。後者の例は、子ども達が興味をもつ体験（映画館や動物
園、遊園地等）の他、学習に繋がるような活動（本屋や進路体験等）、
達成感が得られる活動（楽器演奏、ボランティア活動）など、多岐に
亘っていた。ただ、どちらかというと、後者の方が主な実施内容となって
おり、子どもたちはそのように非日常的に設定された「場」において、
これまでは困難であった多様な体験が可能となり、安心できる環境で自
分をさらけ出すことや、他人との関係づくりのきっかけを得ていること
がわかった。

　第三に、実際に「希望の教室」が子ども達に与えた影響については、
教師による間接的な評価ではあるが、子どもの学校適応感の向上や共感
の発達、授業態度の改善、自信の回復など、非認知能力の向上を主な変
化として指摘する意見が多かった。なお、子どもたちに見られた具体的
な変化は以下の通りである。（括弧の中の番号は、手記の番号である）

【学校適応感の向上】

自分の誤りを認め、怒りっぽさがなくなった（4）/友達との体験
の後は、表情も明るくなって、活発になった（13）/学校生活を楽
しく感じるようになった（15）/もう学校に行かないとは言わなく
なった（17）/あまり怒らなくなって、「ごめんね」という言葉を
言えるようになった（20）/体験そのものよりも、放課後に先生
の車に乗って初めて学校の外にでたことに子ども達が大喜びして
いて、仲良くなった（23）/キャンプの帰りに「楽しかったです。
これからは小さなことにも感謝して、誠実な人に成長します」と
言ってくれた子ども達（26）/休み時間に子ども同士で遊ぶことが
増えた（30）

【共感の発達】

子どもたちの「心のとげ」がなくなった（7）/体験後、他のクラスメイトにも心を開くようになった（9）/友達との関係の中で、自分を出すことができるようになった（18）/友達の話を聞きながら、共感して微笑む姿が見られるようになった（19）/言葉使いが良くなり、友達と一緒にいるとき、笑顔になる（21）/「友達と一緒にご飯を食べたり、店に行ったり、運動をすることがとても幸せで、テコンドーに関する夢も再び持つようになった」と打ち明けるS君（25）/子ども同士の会話が見違えるほど増えた（30）

【授業態度の改善】

体験を共にした子ども同士、お互いに励まし合って勉強を頑張るようになった（5）/上手くできなくても頑張る姿が見られるようになった（7）/一般家庭の子どもなら嫌がるような漢字や算数のドリルが初めてらしく、休み時間に面白そうに解いていた（22）/学習能力に課題があるため、成績の改善は見られないが、授業中のマナーがよくなった（34）

【自信の回復】

自分の意見を言えるようになった（3）/声も大きくなって、自信が出てきた（18）/いつも暗い表情で、発表の時、緊張のあまり、泣いてしまうことが多かったが、今は自分の意見を大きな声で言えるようになった（29）

　第四に、以上のような子ども達の変化に対する教師たちの「気づき」について述べる。そもそも多くの教師は「希望の教室」に応募した主な理由として、担当するクラスに様々な課題を抱えている子どもが在籍し、学級運営に困難を感じていたことを挙げていた。すなわち、教師自

身も課題を抱える子ども達への向き合い方に迷いを感じ、その解決策を探していたことがうかがえた。その中で教師たちは、以下の通り、「希望の教室」を通じて非日常な体験の「場」を設けることで子どもの「素の姿」を発見し、子どもへの関心と理解の重要性、また子ども同士の関係づくりへの補助者としての役割が重要であることを再認識していた。

【子どもの「素の姿」の発見】

障害児も、他の子どもと全く同じように見えてきた（1）/思ったこととは違って、よく話す子であった（3）/一見問題がないように見える子ども達も様々な問題を抱えていることがわかった（11）/日常的ではない空間の中で、新しい経験を共にすると、人は別人にように見える（12）/授業の時間ではなく遊びの時間に、クラス全員ではなく小人数で、学校のルールから離れた自由な空間の中で体験を共にすると、子ども一人ひとりの本当の姿が見えてくる（18）/毎日、コミュニケーションをとることで、その子の成長過程について聞くことが増えたが、普通の家庭なら、当たり前のように知っていることを知らないことがわかり、子どもへの理解の促進に繋がった（22）/「希望の教室」を通じて、子どもの良いところを見つけること、そして行動の原因を勝手に誤解しないことが重要ということを学んだ（27）/希望の教室を通じて、クラス全体でみたときには見えなかった、子ども一人ひとりの瞳が見えてきた（28）

【子どもへの関心と理解の重要性】

小さな関心と新しい経験が子ども達の大きな変化に繋がることがわかった（6）/私が一歩近づくと、待っていたかのように、私のところに近づいてくる子どもたち（7）/子どもたちに一番必要なのは関心であることがわかった（8）/話を聞いてあげるだけでも

変化した（21）/「幸せは小さなことから」ということと、個人的な空間や時間を共にすることで、愛情は深まることがわかった（23）/かんしゃくを起こしていた子どもも、ただ自分にもっと関心を示してほしかっただけであった（35）

【子ども同士の関係づくりに対する補助者としての役割】

一緒に行った遊びを授業の中に取り入れ、他の子どもとの関係改善を図った（8）/一緒に食事をしたりして、他の友達と関わる機会を増やした（9）/子ども同士は、まるで魔法にかかったかのように、特別な思い出を共にすることで、秘密が生まれ、自然な形でよい関係が作られた（12）/子どもが興味を持つ体験活動を通じて、友達作りのきっかけを作った（14）/子どもの心の傷を治すには、子ども達同士で癒し合うことが最も効果的であることがわかった。担任の私から得られる理解よりも、子ども同士の関心や慰めがもっと切実であった（14）

以上をまとめると、光州市が実施している「希望の教室」は、教師が子ども一人ひとりの課題をより個別的に捉え、日常的なケアと非日常的な体験活動を通じて、子どもの個性の理解や子ども同士の関係づくりを促進させ、学校適応感や自信の回復などの非認知能力を育むための取組みとして位置づけられる。そもそも、このような個別的なケアの「場」が可能となったのは、教育福祉優先支援事業が全国的に制度化されたことや、地方移譲によって多様な取組みが導入されたことが大きな要因となった。すなわち、韓国における「希望の教室」の事例は、教師の教育福祉への関与のあり方について示唆を与えてくれるとともに、教育福祉の実践が制度化されたことの意義を具体的に示してくれる。

　本章では、選別主義的な「社会関係資本醸成型」政策の特徴をもつ教育福祉優先支援事業に焦点を当て、政策形成過程の分析や地方移譲などの政策展開に関する検討を通して、同事業の歴史的な変遷を確認するとともに、地方移譲の影響について、実施内容等に違いが見られる二つの地域への学校フィールド調査に基づき、同事業の実施内容、実施主体、実施方法に関する実態を明らかにした。この二つの地域（大都市と地方小都市）には、人材やネットワークといった教育インフラの差が存在し、それにより、実施内容や実施方法に違いが生じている現状が浮き彫りとなった。

　その一方で、両地方ともに、学習支援に限らず、文化・体験や心理・情緒、保健などの多様なアプローチが導入されていること、また学校内に新たな「教育福祉室」の設置や教育福祉の専門家（教育福祉士）が配置されたこと、そして学校内・学校間・地域社会とのネットワークの構築といった制度的整備が進められていることが確認できた。加えて、教育福祉士の「カスタマイズされた支援」と、教師による「希望の教室」などの取組みを通じて、個々の子どもの生活世界の理解や多様なニーズに即した実践が目指されていることや、ステイグマ（stigma）問題の解決のために、選別主義的な支援だけではなく、より普遍主義的なアプローチを通じて、子どもの「関係性を通じた成長」に向けた取組みがなされていることが明らかになった。以上を踏まえ、政策目的および対象範囲の観点から、教育福祉優先支援事業の変化を捉えると、図表48の矢印のような動きが抽出された。

　本書は、教育福祉優先支援事業を多様かつ個別の支援を行いながら、参加や関係づくり、ネットワークの形成に力を入れている点で「社会関係資本醸成型」の特徴をもつと考え、また低所得家庭の子どもを中心にあらかじめ対象者が決められていることから、選別主義として分類した。こ

のように分類した同事業に生じている変化について、まず、政策目的については、2011年の地方移譲以降、学習プログラムから文化・体験や心理・情緒等への増加が見られ、とりわけ家族キャンプや親のカウンセリングなどの家族関連のプログラムや、「希望の教室」といった、子どもの教師との関係づくりが強化されていることが明らかになった。また、関係性の構築という社会関係資本のソフト面だけではなく、学校内・学校間・地域社会におけるネットワークが形成され、情報や人材、物的資源をより効果的に活用できるような制度的整備が行われていることがわかった。このように、子どもとの信頼関係や学校を基盤としたネットワークの構築が図られている点で、教育福祉優先支援事業はより「社会関係資本醸成型」へと、その外苑を広げていることが認められる。

図表48 教育福祉優先支援事業の政策目的と対象範囲にみられる変化（筆者作成）

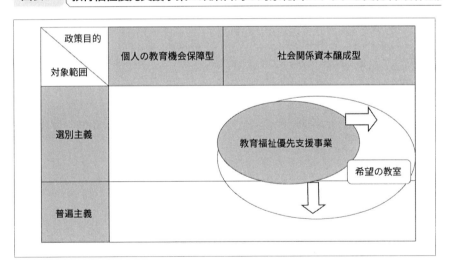

次に、対象範囲については、そもそも教育福祉優先支援事業は法律により、予め対象者を定めており、社会的・経済的な弱者にターゲットを絞る典型的な選別主義的な取組みとして分類できる。しかしながら、地方移譲（2011年）以降は、地方の政策レベルにおいて一般学校までその対象を拡大する普遍主義への変化が見受けられる。また、実践レベルに

おいても、選別主義によるステイグマの問題を子どもの自主的な参加を妨げる最たる原因と考え、教育福祉士と教師との協働の下、普遍主義的なアプローチにより、他の子どもも交えながら事業を進めるような工夫がなされていることがわかった。すなわち、選別主義を基調としながらも、普遍主義的な実施方法が模索されている現状が確認できた[65]。

　加えて、同事業については形式的なプログラムの運営がしばしば課題として批判されており、今後は制度の整備という次元を超え、いかにして子ども一人ひとりのニーズに「質」的に応えるのができるのかという課題が突きつけられている現状が浮き彫りとなった。本書のフィールド調査からは、その解決策として「関係性を通じた成長」が重要な鍵となっていることが示唆された。

---

[65] キム・フンホ、イ・ホジュン（2018）「教育福祉優先支援事業の教育的効果分析：ソウル市教育庁教育福祉特別支援事業を中心に」『教育行政学研究』Vol.36、No.5、p.378《韓国語文献》。

終章

本書の成果

(1) 各章の概括

　本節では第1章から第4章までの検討から得られた知見を総括し、韓国の教育福祉政策の歴史的な展開および制度的特徴から、教育福祉政策の全体像を俯瞰する。まず、各章から得られた知見を総括すると、以下の通りである。

　第1章では、韓国の教育福祉政策の方向性を捉える分析の視点として、政策目的および対象範囲による類型化を提案したうえで、政策レベルにおける運営状況、および予算分析を通じて、平等な教育機会へのアクセスを重視する同事業の実態と課題について検討した。具体的には、序章の先行研究を参考にし、政策目的については「個人の教育機会保障型」と「社会関係資本醸成型」の二軸で、対象範囲は普遍主義、選別主義に分類する類型に基づき、事業の規模や予算から検討を行った結果、2018年現在、学校を基盤として教育機会へのアクセスを重視する教育行政（教育部）の事業が主流とも呼ぶべき状況にあること、また、教育福祉予算の大半を占める教育費特別会計による事業においても、「個人の教育機会保障型」が主流となっていることを確認した。さらに、対象範囲については、教育福祉に関する概念定義が不明瞭な状況の中で、2010年以降は教育監の直接選挙の導入の影響もあり、無償給食など、全国民の経済的な権利として普遍主義的な政策が急拡大した。その結果、いかにして教育的ニーズの高い子どもを支える取組みと両立させるのか、言いかえれば「教育機会の平等」を形式的平等の次元のみ集中させるのではなく、実質的な平等をどのように達成していくのかという課題が顕在化していることを明らかにした。

　第2章では、「個人の教育機会保障型」の政策が推進されるようになった背景について歴史的なコンテキストから検討を行った。分析対象と

したのは、1990年代後半より教育福祉政策の形成・拡大に大きな影響を与えてきた大統領および地方の教育監という政治的アクターである。選挙公約や基本計画（政策大綱に該当）を中心に「個人の教育機会保障型」と「社会関係資本醸成型」の二軸による分析の枠組みに基づき、政策レベルにおける政策の方向性を検討し、さらに対象範囲（普遍主義と選別主義）を加えた二つの視点からも分析を行った。これにより、中央・地方政府ともに奨学金や教育費の給付といった経済的な支援を重視してきたこと、その中で全ての国民を対象に、教育機会へのアクセスを重視する普遍主義へと政策の転換が図られたこと、さらにこのような傾向は「進歩」派と「保守」派という政治理念とは関係なく、殆ど全ての大統領と教育監に同様にみられること等を明らかにした。これらを踏まえて、各政権（中央政府）と地方教育行政においては、一貫して社会移動の開放性を重視する「個人の教育機会保障型」の考え方がその根底にあったとの結論を述べた。

　第3・4章においては、学校現場レベルにおける教育福祉政策の展開について、第1章第2節で検討した教育費特別会計による8事業の中から、事例研究として、代表的な取組みである放課後学校および教育福祉優先支援事業に焦点を当てた。本書では、実施内容や導入背景を踏まえ、放課後学校の初期の事象を「個人の教育機会保障型」、教育福祉優先支援事業を「社会関係醸成型」として分類し、経年的変化や実態に関する分析を行った。具体的には、二つの事例について、導入の背景、運営実態（実施内容、実施主体、実施方法）、社会関係資本を重視する新たな動きという3点について分析を行い、政策の流れを総合的に把握することで、「実質的な」教育福祉の実現という観点から、各アプローチがもつ可能性や限界をより鮮明にし、また政策レベルと学校現場レベルにおける政策の方向性の違いを記述する手がかりを得た。

　第3章の具体的な内容は、放課後学校の導入に関する盧武鉉大統領の思惑を解明するとともに、同事業の構造的・内容的な特徴を検証した。構造的な側面については基本的形態や実施内容を、内容的な側面に

ついては政策理念や政策の方向性に注目した。分析の結果、放課後学校の導入・拡大には、競争や個人の選択を重視する盧武鉉大統領の新自由主義的な考え方がその背景にあったことや、実施されるプログラムの内容も個人の多様性や選択を重視するものとなっていることが明らかとなった。また、放課後学校は国民の公教育に対する選択権の拡大や個々の学校による自律的な学校経営の推進、民間との連携体制の構築等の肯定的な面を有する一方で、地方移譲による地方間格差の拡大や「先行学習禁止法」の事例等から、「私教育」を学校で購入できる商品（サービス）として公教育に取り入れることで、公共性の課題を抱えるようになったという否定的な面を持ち合わせていることを明らかにし、近年はより公共性の高い「マウル（地域）放課後学校」への転換が見られる現状について述べた。

　続く第4章においては、関係づくりやネットワークの形成等を重視する「社会関係資本醸成型」の特徴をもつ教育福祉優先支援事業の可能性とは何かという問題意識に基づき検討を行った。事業の導入背景を明らかにするために、「政策の窓モデル」を用いて政策形成過程の特質を検討し、同事業が大統領（中央政府）主導によるトップダウン型の政策としてスタートしたことや、国会での議論から、当初の政策設計として地域との連携を重視していたこと等を明らかにした。さらに、地方移譲（2011年）による変化について検討し、実施対象が地域（zone）から各学校へ変更されたことで、より普遍主義的な取組みとして量的拡大が図られたものの、地方移譲が多様性の促進と格差の拡大という二面性を有していることを二つの地域における事例を通じて描出した。また、同事業が学校現場にもたらしている変化について、フィールド調査を通じて具体的に検証し、学習にとどまらず、文化・体験や心理・情緒、保健等、多角的なアプローチによる支援が行われること、新たな教育福祉の専門家（教育福祉士）の配置や子ども達の居場所として新たに教育福祉室が設けられたこと、学校内・学校間・地域社会における「包括的ケア」のためのネットワークが形成されたことを示した。

そのうえで、このような構造把握を総合し、「子どもを中心に据えた教育福祉」の実現に向けて教育福祉士および教師の実践が有する潜在的な可能性について考察を行い、これらの実践には子どもの多種多様なニーズの個別的な把握を通じた「実質的な」教育福祉の実現という意義があることを論じた。これらの検討を総括し、韓国における教育福祉政策の意義を学校現場に生じた変化を中心に吟味すると、それは、教育における平等を目指すべく、学校内部の仕組みの変容ないし学校外部との連携強化を通じて学校の役割を再定義し、その機能を拡大する試みとして捉えられることができると結論付けた。

(2) 教育福祉政策の類型化による考察

本項では、教育格差是正策への示唆を得ることを目的とし、今日、韓国だけではなく、日本においても「子供の貧困対策に関する大綱」等で議論されている「教育」と「福祉」の連携のあり方について、国際比較の視点を念頭に置きながら、その特質について論じる。既に述べたように、「教育」は将来の自立へのレディネスや発達保障のための営みであり、「福祉」は現在のニーズの充足を重視する生活支援として捉えることができる。この二つが一つになったとき、韓国の教育福祉の取組みにおいては、教育機会へのアクセスを重視するアプローチと、関係性の構築や参加の促進などを通じて、子どもの全体的なウェルビーイングを重視するアプローチの併存がみられる。以下では、このような韓国の教育福祉政策について、政策目的および対象範囲の観点から改めて捉えなおし、制度的な対応からみた韓国の事例の特質とは何か、また、それから導かれる新たな理論的示唆とは何かを検討する。

①「個人の教育機会保障型」と「社会関係資本醸成型」の量的側面と質的側面

本書では、教育福祉政策の政策目的（方向性）を捉える視点として、

序章において政策の焦点や実施内容、アプローチの方法の違いに基づき、「個人の教育機会保障型」と「社会関係資本醸成型」の二軸を分析の枠組みとして設定した。以下では、このような「個人の教育機会保障型」と「社会関係資本醸成型」が実際のところ、いかなる肯定的・否定的な側面をもっているかについて、韓国の事例を通じて考察する。

　まず、「個人の教育機会保障型」政策の肯定面で強調できるのは、教育機会へのアクセスの保障が再分配的な性格を帯びている点である。とりわけ、韓国の政策レベルにおいては、教育福祉政策は主に経済的な支援として進められてきた側面が強く、全国的に制度化されるモーメンタムが生まれたのも、大統領や教育監という政治アクターが教育福祉政策を個人の経済的な権利として国民に訴えることで、コンセンサスを得やすかったためである。

　「教育機会の平等」をめぐる議論においては、形式的・パターナリスティック（paternalistic）な教育格差是正策の進め方が往々にして批判される傾向にあるが、韓国の場合は、教育福祉を国民が享受できる経済的権利として捉えなおし、「政治化」したことで、比較的短時間で制度化できたといえる。すなわち、制度整備や政策の拡大においては、画一的な教育条件の整備を図る「個人の教育機会保障型」の政策理念が有効に働いたことが示唆される。

　一方の否定的な面では、「個人の教育機会保障型」政策は、スタートラインにおける平等を最も重視するため、実質的な平等の達成までは望めないことが指摘できる。さらに、「個人の教育機会保障型」政策の根底には、教育を社会移動のための私的財と捉える考え方があり、第3章第4節の「先行学習禁止法」の事例からも明らかになったように、教育の公共性といかに両立させるかとい課題が突き付けられている。さらに、大都市と地方小都市に対する現場調査からは、地方間の教育インフラの格差が存在する中、地方分権化による国から地方への事業移譲は、多様性の促進だけではなく、地方間格差を拡大させている現状が浮き彫りとなった。この点、地方分権化は一律かつ普遍的な対応が求められる「個人の教育機会保障

型」の取組みには不向きであることが示唆された。

　これに対し、「社会関係資本醸成型」の政策においては、個々の多様なニーズに即した取組みを目指しており、平等な教育機会の提供だけではなく、プロセスや結果の平等も重視する傾向にある。端的にいえば、「個人の教育機会保障型」の政策が形式的・外面的なアプローチを重視するのに対し、「社会関係資本醸成型」の政策は、教育福祉を本質的・意味的な側面から捉え、実施内容の「質」を重視する。先述の通り、韓国の政策レベルにおける教育福祉政策は、「個人の教育機会保障型」が主流となっている現状があるが、その一方で、時間の経過とともに「社会関係資本醸成型」の取組みが学校現場の実践の中から形成・強化されるようになった。すなわち、教育福祉政策の量的な拡大だけではなく、学校をプラットフォームとしたネットワークの進展や子どもの信頼関係の構築といった質的な改善が見られた。このような改善の動きはいずれも、実践の中から生まれたものであり、例えば、「マウル（地域）放課後学校」（第3章第5節）は、学校教育の延長線ではない子どもの放課後活動の必要性から、また教育福祉優先支援事業における「希望の教室」（第4章第4節）は、教育福祉の取組みにおいて教師の主体的・積極的な参加が欠かせないという実践における「気づき」から導入されたものである。これらの事象から浮かび上がることは、国民の教育的なニーズは必ずしも社会移動、すなわち「上昇のための教育」に限定されないということである。

　一方、このような個々の子どもに対する情緒的・社会的な成長支援を重視する「社会関係資本醸成型」の取組みにおいては、単なる学力のみならず、将来の自立に資する社会性や協調性、レジリエンスといった非認知能力の育成を重視するため、定量化による測定が困難とされることが多く、社会関係資本をどのように育成し、評価するのかという課題を抱えていることが示された。韓国のように教育を通して分配問題の解決を図ってきた国においては、均等な教育機会を保障し、社会移動の開放性を維持することが極めて重要な政策課題となるが、そのような状況の

中でも、「社会関係資本醸成型」の政策促進のためには、政策の効果をより多角的に捉えることの重要性や、成果指標として子どもの質的な成長という要素を取り入れる必要性が示唆された。

　以上の検討は、韓国における教育福祉政策の政策目的を二項対立的に把握したものであるが、「個人の教育機会保障型」の取組みは、無償保育の全国一律導入など、制度整備に有効に働いたことが、「社会関係資本醸成型」の取組みは、関係性の構築や参加の促進を通じて、個々の子どもの質的な成長に有効に働いたものと結論づけられる。言いかえれば、個別的な対応や質の保障が必要となる「社会関係資本醸成型」の取組みは、制度化による画一的・形式的なアプローチになりがちな中央・地方政府の取組みには不向きであるが、一方で、視点が子どもに最も近い学校現場での取組みを教育福祉の専門家（教育福祉士）の配置や新たな「場」（教育福祉室）の設置など、政府が制度面からサポートすることで、「社会関係資本醸成型」の取組みの量的拡大・質的充実が可能となった。

　繰り返しになるが、本書では韓国における教育福祉の取組みは、当初は個人の教育機会保障に重点が置かれていたが、時間の経過とともに放課後学校や教育福祉優先事業の両方において、社会関係資本を重視する傾向が強まったことが確認できた。しかしながら、なぜ「個人の教育機会保障型」として進められた政策が「社会関係資本醸成型」へと変化していったのか、例えば、現場の政策実践者の意向が実際に政策の趣旨をどのように変化させていたのか、また「革新学校」のように共生や民主的な関係性を重視する近年の社会の動きがどのような影響を与えているかについては、より厳密な検証が必要と思われる。

　一方、二軸により政策レベルから学校現場までの教育福祉政策の取組みについて考察してきた結果として、「個人の教育機会保障型」と「社会関係資本醸成型」は決して相反する取組みではなく、子どもの多様な教育的なニーズに対応するためには、どちらも車の両輪のように不可欠なものであることが示唆された。同時に、二軸による取組みの分析から

見えた両軸の性質として、両軸とも制度化などによる量的拡大が「質」の保障の前提となる点では共通していた。

　次に「社会関係資本醸成型」の取組みについては、個々の子どものニーズに即した対応が求められるが、このためには、十分なマンパワーと「場」の確保、および多様な個性に対応するのに必要な柔軟性（権限）が必要となる。この点、制度的なサポートが不可欠であり、韓国において制度として教育福祉士を配置し、「教育福祉室」といった空間を設置したこと、また教育福祉士や教師に一定の裁量を持たせたことが奏功したといえる。また、「社会関係資本醸成型」の取組みに必要なのは、「個人の教育機会保障型」のような画一的な教育機会の均等や「教育消費者」的な視点ではなく、社会的包摂が目指す通り、子どもの社会関係の構築を通じて、子どもがありのままでいられる居場所を確保することである。しかしながら、自由裁量を持って個別に対応するためには高度な専門性や適性が求められるため、今後は教育福祉士や教員をどのように量的に確保しながら、「質」を拡充していくかが重要な課題となることが示唆された。

② 「形式的な」普遍主義に関する考察

　韓国において普遍主義が進められた背景には、ステイグマ（stigma）の問題があり、全ての国民に普遍的なサービスを提供することによって、教育福祉をパターナリスティックな「恩恵」ではなく、当たり前の権利として享受できることが重視された。すなわち、普遍主義的な教育福祉政策は、無償保育など、教育を受ける権利を前提に教育環境のユニバーサル化やインクルーシブな教育環境の促進を目指すものであった。第2章で明らかになったように、このような普遍主義的な教育政策は, 2010年以降、無償給食等を進める地方の「進歩」教育監らによって議論の俎上に載せられ、また無償保育（ヌリ課程）など、選挙を意識した中央政府（大統領）の政策によって社会全体に浸透し、時間の経過とともに、教育福祉政策は「政策イシュー」から「政治イシュー」へと変化し

た。しかしながら、このような普遍主義的な教育福祉政策には、全ての人を対象とするため、社会的・経済的な弱者に対する予算配分が減少しているという現実的な課題だけではなく、教育福祉の形式的なサービス化という問題点が露呈している。

　とりわけ、中央政府や地方の教育監が推進してきた普遍主義的な教育福祉政策の内容をみると、無償保育や無償給食など、画一的な経済支援が主な内容となっており、ここでいう普遍主義とは経済的な分配における平等を意味し、子どもの将来のレデイネスに向けたきめ細かい支援という視点は弱い。また、限られた予算の中で普遍主義の取組みが実際にどのような意義や効果を持つのか、十分な議論が行われないまま、効果分析においても、単に受ける側の嗜好を問う「満足度調査」という形式的な評価方法が広く定着し、個々人の「質的」な成長を問うような視点が十分に模索されてきたとは言い難い。

　一方、学校現場における「社会関係資本醸成型」の取組みから論じられる普遍主義とは、社会的包摂を達成すべく、より普遍的でインクルーシブな教育環境の構築を目指す試みとしての意味をもつ。実際に教育福祉優先支援事業（第4章）における教育福祉士および教師の実践においても、「全ての人にとって平等」という形式的な平等の理念に、社会的・経済的に不利な立場に置かれている子どもの「生」に対する関心や成長への支援が弱められることがないように、実践上の工夫がなされていた。

　以上、韓国の普遍主義の事例からは、普遍主義を通じた理念なき物質的な要求の充足が重視される状況もかいまみられ、普遍主義を「質的」な成長を支え合う社会全体のあり方として捉えることが肝要であることが示唆された。

(1) 実施内容・実施主体・実施方法における新自由主義からの影響

　本節では、第3章および第4章の事例研究に基づき、韓国における教育福祉政策が学校現場に与えた影響について、実施内容、実施主体、実施方法という三つの観点から整理する。

　第1に、実施内容という点からいえば、学校で行われる教育福祉の取組みは子どもや保護者に対して、より多種多様な選択肢をもつことを可能にした。各学校には正規の授業では提供することが困難であった多様なプログラムが、教育福祉の名の下で導入されるようになり、例えば、全国の殆どの学校で実施されている放課後学校では、学習関連と特技・適性（音楽や美術、体育等）のプログラムが、小学校では1：3、中学校では1：1、高校では17：3の割合で実施されており、また教育福祉優先支援事業においても学習だけではなく、文化・体験、心理・情緒、保健などの多角的な実践が行われている。すなわち、実施内容に着目した場合、教育福祉政策は公教育への補完という側面から多様な教育機会へのアクセスを可能にしたことが認められる。また、ここで注目すべき点は、これらのプログラムは子どもや保護者の要望や選択に基づくものということである。これは、既存の学校教育に対する不満を個人の選択や多様性の促進、市場原理等を通じて解決する試みとして位置づけられるものである。

　第2に、実施主体という点から注目されるのは、地方分権化による中央政府から地方教育行政への事業移譲、そして各学校の自律的な学校経営の推進のように、マクロな政策レベルから、よりミクロな実践レベルに政策決定や改善努力を進めるような構造が生み出されている点である。教育福祉政策は当初、中央政府の主導によって推進されたが、2010年頃から地方分権化の影響を受け、もはやトップダウン型の政策ではなく

なった。地方移譲に伴って、中央集権的な教育行政の閉塞的な構造の中では実践が困難であったような多様な取組みが可能となり、各学校には教育福祉士や教育福祉室という新たな取組み等を通して、より状況に即した実践が可能となる制度的整備が行われた。

　第3に、実施方法という点からいえば、教育福祉政策の導入は学校をより開かれたものにすることに貢献し、学校を基盤としたネットワークが形成されるきっかけを与えた。既に第3章および第4章で示したように、放課後学校には、より質の高い教育機会へのアクセス保障に資するものとして「市場原理」のネットワークが形成され、民間の人材やノウハウの利活用できる環境が整備された。一方、教育福祉優先支援事業には、多様な課題を抱えている子どもへの「実質的な」ケアに資するものとして、「包括的ケア」のネットワークが形成され、社会福祉や行政、民間等をつなぐ連携体制が構築された。

　以上のようなネットワークを基盤として、各学校には従来の閉鎖的な学校文化とは異なる新たな「仕組み」が作られ、また教育福祉士や放課後コーディネーターといった新たな人材を生み出し、そこでは、学業の達成という従来の学校機能だけではなく、より多角的な視点から子どものウェルビーイングを総合的に捉える制度設計が目指されている。一般的に新自由主義的な教育政策は、「小さな政府」を志向し、個人の選択や多様性を重視しつつ、教育サービスの商品化、市場原理に依拠する公教育の仕組みの構築、公教育の民営化（規制緩和）等が特徴として挙げられるが、韓国の教育福祉政策はまさしくその形成・展開において、新自由主義の影響を多く受けていることが示唆された。例えば、中央政府から地方教育行政への事業移譲（地方分権化）の他、個人の選択や多様性を重視するプログラムの導入や市場原理による民間の活用など、新自由主義の側面が顕著にあらわれている。

　新自由主義的な教育政策をめぐっては、教育の「商品化」や格差の拡大がしばしば問題として指摘されるが、韓国の教育福祉政策に限っていえば、個人の自由や合理性を重視する政策理念は、公教育の質の向上のため

の画期的なパラダイムとして、政府や学校現場において受け入れやすかっ
たと思われる。言いかえれば、韓国の教育福祉政策の事例からは，地方間
の格差の拡大や、「教育消費者的」視点が事業の形骸化を招くという否定
的な面はあったものの、個人の選択・多様性の促進や民間資源の活用等を
重視する新自由主義の基調が制度整備の面では肯定的に作用したことが
示唆された。すなわち、本書の分析軸の一つである「個人の教育機会保
障型」を推し進める上で、新自由主義の政策理念が肯定的に作用したこ
とがいえる。

(2) 制度的整備から「質」の充実へ

　上記のような新自由主義からの影響を踏まえつつ、韓国における教
育福祉政策の特質を要約すると、以下の通りである。

　まず、制度的整備が先に行われ、後から現場の実践を通じて「質」の
充実が図られたことである。1990年代後半から中央政府によって進めら
れた教育福祉政策は新自由主義の影響のもと、個人の教育機会保障を目
的とし、教育機会へのアクセスを重視した選別主義的な政策が主流を占
めた。また、中央政府への対抗軸として登場したはずの地方の「進歩」
教育監も「社会関係資本醸成型」の理念を打ち出しながらも、その内実
は、教育へのアクセスの保障を広く捉えた「個人の教育機会保障型」の
政策が中心となっていた。

　すなわち、政策レベルにおいては、形式的な平等を重視する政治アク
ター（大統領や教育監）によって、放課後学校や教育福祉優先支援事業な
ど、多くの教育福祉の取組みが全国の学校現場で制度化された。しかし、
時間の経過とともに、「子どもを中心に据えた教育福祉」の実現のため
に、より普遍主義的で関係性の構築を重視する方向へと変化していること
が確認できた。画一的な教育機会の保障やパターナリスティックな選別主
義に対する是正が行われ、政策目的および対象範囲に一定の均衡を保持す
る方向で政策が展開されたのである。また、本書では、このような「社会

関係資本醸成型」への変化は、教育福祉士および教師の具体的な実践によるところが多いことが明らかになったが、それを可能としたのは、公教育の硬直的なシステムの中にもかかわらず、教育福祉士や教師に一定の裁量を付与する「仕組み」の存在であった。それにより、「場」が設定され、その中における相互作用を通じて、より多様なケアや関係性の構築が可能となった。

　次に、教育福祉政策の展開に当たっては、政策レベルと学校現場レベルでの役割分担が重要であることが示された。すなわち、国民全体が享受すべき個人の教育機会の保障については、政府が一律に保障すべきであり、子どもの社会関係資本の構築といった、より非認知で個別の対応が求められるものについては、「箱」までは政府が準備すべきであるが、最も重要なのは、その「箱」の中で実際に子どもと接し、信頼関係等を構築していく教師や教育福祉士の資質や努力が問われることが見えてきた。

第3節　研究の今後の課題と展望

　以上、本書は韓国における学校を基盤とした教育福祉政策について、「個人の教育機会保障型」および「社会関係資本醸成型」という二軸に基づき、中央・地方政府の政策レベルにおける特質を検討するとともに、二つの地域の学校現場レベルの事例研究を通じて、韓国の教育福祉政策が政策から実践へと展開している中で、どのような質的・量的に変化してきたかを明らかにした。最後に本書の限界を指摘し、今後の研究上の課題として以下の3点を挙げたい。

　第一に、本書は政策レベルと学校現場レベルに分けて分析を進めているが、政策の対象者である子どもの視点については殆ど扱っていない。本書はどちらかといえば、政策を提供する側の視点に立った研究であ

り、それゆえに子どもに生じた変化を子ども自身の目線で検証すること
が求められる。また、本書は1990年代後半以降の韓国の社会的な背景や構
造を前提としており、子どもの目線に立って、教育格差是正のために真
に必要なものは何なのかということを他国の事例も踏まえ、検証してい
くことが必要である。

　第二に、教育福祉の取組みにおける教師の関わり方について更なる
考察を行っていく必要がある。本書では、子ども一人ひとりへの個別の
ケアを行うに当たり、個々の教師に対する「質」の保障を制度として一
律に確保することが重要であることが示唆された。すなわち、「教育の
質は教師の質を超えられない（The quality of education will never exceed the
quality of teacher）」というOECD の指摘[66]通り、教育福祉の取組みにおい
ても、教師の「質」をいかに確保すべきかが重要な課題として浮かび上
がっている。

　第三に、本書は学校を基盤として行われる教育福祉政策に焦点を絞っ
ているが、韓国における教育福祉の全体像を把握するためには、地域社
会や民間のNGO等による実践も視野に入れる必要がある。特に、学校と
地域社会とのネットワークの進展により、学校においても、ますます地
域社会のプレゼンスが高まっている中、それぞれの役割や協働のあり方
を検証していくことが求められる。

　将来的な展望としては、本書の教育福祉政策の進め方に関する類型
化（政策目的および対象範囲）を発展させたうえで国際比較を行うこと
で、「教育」と「福祉」の連携を通じた教育格差是正の取組みが、各国
においてどのような状況を呈しているか、またそれぞれのアプローチが
抱える問題点にどのように取り組んでいるかを明らかにし、国際比較研
究の発展にも貢献できると考える。従来の比較教育学研究においては、
一国の教育事象を総体として捉える傾向があり、一般化の視点も十分に
確保されていないとの批判が存在するが、本書の類型化を通して、国内

---

[66]　OECD(2018)『TALIS　2018　Results(Volume Ⅰ)：Teacher and School Leaders as Lifelong Learners』

の多様性を捨象することなく、各国の多様性の中の普遍性を見出すことができると考える。

　最後に先述の通り、韓国では近年、新自由主義的な政策基調が続く中、公教育改革の一環として、共生や社会的連帯、ケア等を通じて教育格差の是正を目指す「革新学校」という新しい動きが広がりを見せている。別々に展開されてきた教育福祉政策と「革新学校」という二つの政策が同じく「公共的なるもの」を志向していることは興味深いが、今後、新自由主義と教育福祉政策や「革新学校」の相克する二つの理念が、どのようにして個人の教育機会の保障と子どものウェルビーイングを両立させていくかを考察することは、効果的な教育格差是正策に関する研究へ、より具体的な知見を与えてくれると思われる。

参考文献

【日本語文献】

觕山守夫（2014）「教育改革」『千葉商大論叢』52(1)、pp.205-235。

阿部彩（2007）「日本における社会的排除の実態とその要因」『季刊社会保障研究』。

荒牧考次（2015）「教育機会を保障する政策の機能分析―学習支援費の創設の議論から」『社会福祉学』56（1）、pp.50–60。

有田伸（2006）『韓国の教育と社会階層』東京大学出版社。

アン・ウンギョン（2013）「現代学校改革と教育政策に関する研究：韓国・京畿道の『革新学校』政策の分析を中心に」早稲田教育学研究（5）、pp.33-55。

池田賢市（2012）「学校現場での『公正』をめぐる実践知の必要性」『異文化間教育』pp.57-70。

石塚浩（2007）「社会関係資本と信頼概念」『情報研究』第36号、pp.17-27。

石戸教嗣（1999）『ルーマン教育システム論の再構成』京都大学博士論文、pp.84-94。

市川昭午（1975）「現代の教育福祉：教育福祉の経済学」持田栄一・市川昭午編『教育福祉の理論と実際』教育開発研究所、pp.20-22。

李正連（2015）「韓国における教育福祉と生涯教育」『社会教育福祉の諸相と課題』大学教育出版。

李正連（2017）「教育地域ネットワークが紡ぎ出す教育福祉」梁炳賛編『躍動する韓国の社会教育・生涯教育』エイデル研究所、pp.84-97。

岩崎久美子（2010）「教育におけるエビデンスに基づく政策―新たな展開と

課題」『日本評価研究』第10巻第1号、pp.17-29。

埋橋 孝文（2015）『子どもの貧困／不利／困難を考えるⅠ：理論的アプローチと各国の取組み』ミネルヴァ書房。

馬上美知（2006）「ケイパビリティ・アプローチの可能性と課題：格差問題への新たな視点の検討として」『教育學研究』73(4)、pp. 420-430。

エスピン‐アンデルセン（2000）『ポスト工業経済の社会的基礎―市場・福祉国家・家族の政治経済学』桜井書店。

大岡頼光（2014）『教育を家族だけに任せない：大学進学保障を保育の無償化から』勁草書房。

大谷尚（2008）「4 ステップコーティングによる質的データ分析手法 SCAT の提案―着手しやすく小規模データにも適用可能な理論化の手続き―」『名古屋大学大学院教育発達科学研究科紀要（教育科学）』第 54 巻 2 号、pp. 27-44。

苅谷剛彦、堀健志、内田良（2012）『教育改革の社会学――犬山市の挑戦を検証する』岩波文庫。

川口洋誉（2018）「自治体における新自由主義的教育政策と教育福祉事業の展開とその転換」『日本教育政策学年報』25、pp.104-114。

柏木智子（2017）「ケアする学校教育への挑戦」『子どもの貧困対策と教育支援：より良い政策・連携・協働のために』明石書店、pp.110-112。

金信慧（2016）「韓国の高齢者自殺にみる福祉的背景とその対応策の検討」『コミュニティ福祉学研究科紀要』(14)pp.17-18。

金龍（2015）「地方教育自治制度の安定と理念の混迷」『日本教育行政学会年報』No.41、pp.2-18。

倉石一郎（2014）「公教育における包摂の多次元性：高知県の福祉教員の事例を手がかりに」『〈教育と社会〉研究』24、pp.1-11。

倉石一郎（2015）「生活・生存保障と教育をむすぶもの／へだてるもの―教育福祉のチャレンジ―」『教育学研究』82 (4) pp. 571-582。

黒崎勲（1985）「教育の機会均等原則の再検討-2-」『人文学報』(176)、

pp.59-107。

佐貫浩（2018）「日本の教育改革の全体像と特質 ——現代把握と新自由主義教育政策の本質把握を巡って」『日本教育政策学会年報』pp.90-99。

酒井朗（2015）「教育における排除と包摂」『教育社会学研究』第96集、pp.5-23。

佐藤誠（2003）「社会資本とソーシャル・キャピタル」『立命館国際研究』pp.1-30。

佐藤智子（2014）『学習するコミュニティのガバナンス—社会教育が創る社会関係資本とシティズンシップ—』明石書店、p.55。

志水宏吉（2007）「教育資本について」『教育文化学研究』第2号、pp.3-20。

志水宏吉（2012）『学力政策の比較社会学【国際編】－PISAは各国に何をもたらしたか』明石書店。

志水宏吉（2014）『「つながり格差」が学力格差を生む』亜紀書房。

志水宏吉（2017）『「力のある学校」の探求』大阪大学出版会。

庄司洋子・木下康仁・武川正吾・藤村正之編（1999）『福祉社会事典』弘文堂、p.878。

JICA（2002）『ソーシャル・キャピタルと国際協力－持続する成果を目指して－』国際協力総合研修所。

末冨芳（2012）「学習塾への公的補助は正しいか」稲垣恭子編『教育における包摂と排除：もうひとつの若者論』明石書店、p.80。

末冨芳（2016）「子どもの貧困対策のプラットフォームとしての 学校の役割」『研究紀要』日本大学文理学部人文科学研究所、No.91、pp.25-44。

園山大祐（2012）『学校選択のパラドックス』勁草書房。

全国社会福祉協議会（2017）『社会的包摂にむけた福祉教育～福祉教育プログラム7つの実践～』p.6。

高野良一（2006）「アファーマティブアクションとしての実験学校」『教育学研究』第73巻、第4号、pp.54-68。

田中光晴（2009）「韓国における私教育費問題と政府の対応に関する研究—

教育政策の分析を通じて―」『比較教育学研究』第38号、2009年、p.98。

田中光晴（2014）「地域による学校支援活動の事例：韓国の学校運営委員会
　　と放課後学校」『東北大学大学院教育学研究科教育ネットワークセン
　　ター年報』(14)、pp.35-45。

谷山至孝（2018）「日英における教育と福祉の連携―「地域づくり」の中の
　　教育―」『教育学研究』第86巻、第4号、pp.579-587。

辻野けんま（2005）「ドイツの学校監督と学校の自律性--学校経営体制の史
　　的変遷」『福祉社会研究』(6)、p.75-90。

ディヴィッド・ラバリー（2018）『教育依存社会アメリカ』倉石一郎訳、岩
　　波書店、pp.197-198。

中山芳美（1984）「教育福祉と教育行政」、鈴木英一編著『現代教育行政入
　　門』勁草書房、p.180。

中嶋哲彦（2013）「子どもの貧困削減の総合的施策」『教育機会格差と教育
　　行政』福村出版、pp.83-101。

額賀美紗子（2011）「『公正さ』をめぐる教育現場の混迷」『異文化間教
　　育』第34号、pp.22-36。

農野寛治・長瀬美子（2008）「教育福祉学の学的性格-必須科目『教育と福
　　祉』の講義から」『教育福祉研究』34、pp.29-33。

ハウ・ケネス（2004）『教育の平等と正義』大桃敏行（訳）、東信堂。

ハヤシザキカズヒコ（2015）「米英のコミュニティ・スクールと社会的包摂
　　の可能性」『教育社会学研究』96集、pp.153-174。

朴炫貞（2011）「韓国高等教育政策の分析―「政策の窓」モデルの適応可能
　　性―」『東京大学大学院教育学研究科紀要』第51巻、pp.93-101。

狭間諒多朗（2015）「階層帰属意識の規定要因としての社会移動：主観的社会
　　移動が捉える2つの経路」『年報人間科学(36)』pp.1-17。

平塚眞樹（2006）「移行システム分解過程における能力観の転換と社会関係資
　　本―『質の高い教育』の平等な保障をどう構想するか―」『教育学研究』
　　第73巻(4)、pp.69-80。

広井良典（2006）『持続可能な福祉社会』筑摩書房。

広田照幸（2004）『教育（思考のフロンティア）』岩波書店。

福島賢二（2009）「参加民主主義による教育機会の平等論の構築」『日本教育行政学年報』No.35、pp.96-112。

福島賢二（2011）「補償教育の平等主義的陥穽と脱却への視座」『沖縄国際大学人間福祉研究』第9巻第1号、pp.45-57。

藤田英典（2009）「子どもの生活環境・教育機会の劣化・格差化と国家・社会の責任」『日本教育学会大會研究発表要項』68、pp.78-79。

松村智史（2016）「貧困世代子どもの学習支援事業の成り立ちと福祉・教育政策上の位置づけの変化」『社会福祉学』第57巻（2）、pp.43-56。

宮腰英一（2002）「イギリス：公立（営）学校改革の新動向―レトリックとしてのパートナーシップ」『比較教育学研究』第28号、pp.28-40。

宮腰英一（2007）「教育改革における公私協働：イギリスと日本」『比較教育学研究』第34号、pp.108-123。

宮島喬（2006）『移民社会フランスの危機』岩波書店、pp.160-171。

三沢徳枝（2017）「子どもの貧困に対する学習支援：支援の視点」『佛教大学教育学部学会紀要(16)』pp.89-107。

山下晃一（2004）「米国教育行政における総合的児童支援施策の生成と展開―組織間協働（inter-agency work）の生成過程を中心に」『和歌山大学教育学部教育実践総合センター紀要』（14）pp.83-91。

山森亮（1998）「福祉国家の規範理論に向けて―再分配と承認」『大原社会問題研究所雑誌』No.473、pp.1-17。

吉田敦彦（2012）「教育福祉学への招待　人類史的課題としての「Edu-care」探求」山野則子・吉田敦彦・山中京子・関川芳孝編『教育福祉学への招待』せせらぎ出版、pp.5-21。

吉原美那子（2005）「イギリスにおける包摂的教育の政策とその特質--社会的排除と社会的包摂の概念に着目して」『東北大学大学院教育学研究科研究年報』53（2）、pp.75-88。

渡辺昭男（2017）「韓国における無償給食」『教育科学論集』第20号、pp.39-44。

【韓国語文献】

○ 著書／論文

アン・ビョンヨン（2010）「韓国教育政策の卓越性と公平性のバランスのために」『社會科學論集』Vol.41、No.2、pp.1-13。

イ・ウンへ、ユン・カヨン、アン・ソンヒ（2016）「Multiple Streams Frame-workを適応した無償給食の政策分析：2010、2015年の政策変動を中心に」『韓国教育学研究』Vol.22、No.1、p.78。

イ・クンヨン（2014）『京畿道教育福祉優先支援事業の成果分析』京畿道教育研究院。

イ・グンヨン、イ・ゾンイク、ハ・ボンウン、ハン・ジョンウン（2018）『京畿道教育福祉政策の分析および発展方案：2018年京畿道教育庁の教育福祉事業を中心に』京畿道教育研究院。

イ・ジへ、イ・キョンミン、ホ・ジュン（2017）「政治変動による教育福祉イシュー構造の変化：国民の政府以降の新聞記事に対する意味連結網の分析」『教育政治学研究』pp.213-240。

イ・スンホ、シン・チョルギュウ（2015）「先行教育禁止法の政策決定過程における政策ネットワークの分析」『教育行政学研究』第33巻、第2号、pp.55-83。

イ・テス（2004）『教育福祉総合具現方案に関する研究』教育部。

イ・ヒスク、ジョン・ジェジョン（2012）「学校暴力関連の政策の流れの分析：Kingdonの政策の窓モデルを中心に」『韓国教育』第39巻、第4号、pp.61-82。

イ・ヘスク（2018）『ソウル型革新教育地区事業の発展戦略』ソウル研究院政策レポート。

イ・ヘヨン（2002）『教育福祉投資優先地域選定のための研究』韓国教育開

発院。

イ・ヘヲン（1999）「欠食児童問題の現状と課題」『月間福祉動向』参与連帯。

イ・ミョンスン（2019）「全国で初めて放課後学校を直接運営する」『放課後ドルボムNewsletter9月号』韓国教育開発院。

イ・ユンジン（2017）「大統領選挙における保育政策の公約内容の分析」『GEI研究論総』Vol.19、 No.2、pp.233-252。

イ・ヨンラン（2016）「フランス教育福祉安全網の研究」『スンチョンヒャン人文科学論叢』第35巻1号、pp.93-97。

イ・ヨンラン、キム・ミン（2018）「フランスの地域社会の教育共同体の現況：教育政策と地域社会開発政策の構造化されたネットワーキング」『マウル教育共同体運動の世界的な動向と課題』pp.145-170。

イム・ヒョンジョン、ジョン・ヨンモ、ソン・ジフン（2018）「韓国と日本の脆弱階層の児童支援のための教育福祉政策比較」『日本學報』Vol.0、No.116、pp.289-308。

イム・ヨンギ（2015）「韓国放課後学校政策の推進過程の特徴分析」『教育行政学研究』第33巻、第4号、pp.125-145。

ウン・ミョンスク（2018）「教育福祉の現況と課題」『保健福祉フォーラム』Vol.259、p.41。

オム・ムンヨン、キム・ミンヒ、オ・ボムホ、イ・ソンホ、キム・ヘジャ（2015）「教育福祉投資の方向の再設定のための探索的な研究」『教育財政経濟研究』Vol.24 、No.3、pp.39-64。

カン・ジウォン、イ・セミ（2015）「児童・青少年のドルボム（ケア）政策の現況分析」『保健福祉フォーラム』p.67 。

カン・スンウォン（2012）「イギリスとフランスの教育福祉事業の比較研究にみる我が国の教育福祉投資優先地域支援事業（교복투사업）の政治社会学的な性格」『比較教育研究』第22巻、第4号、pp.1-8。

キム・ミンヒ（2018）「政権交代による教育福祉政策変動の分析」『教育政

治学研究』Vol.25、No.3、pp.129-151

キム・インヒ（2006）「教育福祉の概念に関する考察：教育疎外の解消に向けた教育福祉の理論的基礎の定立に関して」『教育行政学研究』24(3)、pp. 289-314。

キム・インヒ（2010）「教育疎外と格差解消のための教育福祉政策の課題」『韓国社会政策』Vol.17、No.1、pp.129-175。

キム・インヒ、ジョン・ヘチョル（2012）「教育福祉優先支援事業における教師の効力感の変化・効果に関する探索的な研究」『教育行政学研究』第30巻、第3号、pp.205-234。

キム・インヒ（2014）『教育福祉の概念に関する理論的再探索』韓国教育行政学会第165次秋期学術大会企画セッション、pp.1-22。

キム・インヒ（2019）『教育福祉と学校革新』韓国学術情報。

キム・キョンスク（2017）『教育福祉の観点からみた革新学校の事例研究』韓国教員大学校博士論文。

キム・クァンヒョク（2017）「烙印が児童発達に与える影響：教育福祉優先支援事業の参加児童を中心に」『学校社会福祉』Vol.0、No.37、pp.25-43。

キム・クァンヒョク他（2018）『教育福祉優先支援事業の成果指標開発に関する研究』教育部。

キム・サンゴン（2011）「無償給食の意味と効果，そして普遍的な福祉国家」『人と政策』民主政策研究院、pp.136-157。

キム・ジウォン（2009）「四大社会保険統合の政策形成過程分析」『韓国政策学会報』pp.183-184。

キム・シジン＆キム・ジェウン（2012）「Kingdonの政策流れモデルによる大学授業料の負担緩和政策の分析」『教育行政学研究』pp. 181-203。

キム・ジスク（2019）『マウル放課後学校の事例および運営方案に関する研究』建国大学校修士論文。

キム・ジソン、ヤン・ビョンチャン（2019）「ノウォン区教育福祉ネットワークのガバナンス実践：『頼らない』主体の形成」平成教育学研究、

Vol.25、 No.4、pp. 57-87。

キム・ジョンウォン（2007）「教育福祉と学校の役割：教育福祉投資優先地域の支援事業を中心に」『教育社会学研究』Vol.17 、No.4、pp.35-61。

キム・ジョンウォン（2008）『教育福祉政策の効果的な推進のための法制度整備に関する研究』教育科学技術部。

キム・ジョンウォン（2017）「今、階層のハシゴとしての教育をやめるべき」『教育批評』(40)、pp.218-243。

キム・ソンスク他（2019）『2019年教育福祉優先支援事業の運営現況の調査結果』中央教育福祉研究支援センター、p.10《韓国語文献》。

キム・テジュン（2010）『社会的資本の効果分析および体系的な支援方案』韓国保健社会研究院。

キム・ハンナ（2015）『教育福祉優先支援事業の効果：メタ分析』サンミョン大学修士論文。

キム・ヒョンソン（2015）「単位学校『教育福祉優先支援事業』の施行事例分析―Lipskyのストリートレベルの官僚制理論を中心に」ソウル大学修士論文。

キム・フンホ、イ・ホジュン（2018）「教育福祉優先支援事業の教育的効果分析：ソウル市教育庁教育福祉特別支援事業を中心に」『教育行政学研究』Vol.36、No.5、pp.355-383。

キム・ホンウォン（2007）『放課後学校の成果分析および成果指標開発に関する研究』韓国教育開発院（KEDI）、p.10。

キム・ユンジン、コ・ドクハン、オム・ジョンヨン（2015）「教育福祉政策の傾向に関するネットワークテキスト分析」『教育問題研究』Vol.21、No.1、pp.132-170。

キム・ミンヒ（2018）「政権交代による教育福祉政策変動の分析」『教育政治学研究』Vol.25、No.3、pp.129-158。

キム・ユリ（2017）『希望の教室の運営の効果分析および改善の方案』ソウル特別市教育庁教育情報研究院。

キム・ヨン（2014）「民選教育監第1期の評価と第2期の課題」『教育批評』
　　（34）pp.11-12。

キム・ヨンイル（2012）「教育福祉の実現のための教育改革課題の道出に関
　　する試論」『教育政治学研究』Vol.19 、No.4 、pp.35-59。

キム・ヨンサム他（2009）「教育福祉、一歩先に目指して」『初等ウリ教
　　育』。

キム・ヨンスン（2012）「誰がどのような福祉国家を作るのか」『韓国社会
　　政策学会共同学術大会資料集』pp.29-51。

キム・ヨンチョル他（2016）『マウル教育共同体に関する海外事例の調査お
　　よび政策方向の研究』京畿道教育庁研究院。

キム・ヨンリョン（2019）「終日ドルボムのための地域教育エコ体系の構
　　築：マウルプラットフォームの構築方案」政策フォーラム資料集、pp.3-
　　13、韓国教育開発院。

クァク・インスク（2019）『直選の教育監時代における単位学校の歳出の変化
　　による中学生の学業達成度の影響』延世大学校修士論文。

サムソン経済研究所（2006）『所得両極化の現況と原因』研究報告書8月。

ジャン・ドクホ、キム・ソンギ、ユ・ギウン、ユン・チョルス（2015）『教
　　育福祉論』バクヨンストリー。

ジュ・ジョンフン（2017）『学校と自治区が協力するマウル放課後学校の運
　　営方案研究』ソウル特別市教育庁教育政策研究所。

ジョ・ムヒョン（2017）『教育疎外階層を対象とする政策事業の類似・重
　　複の実態と解決方案』全北教育政策研究所、p.13。

ジョン・ジェチョル（2011）「韓国新聞と福祉ポピュリズムの談論」『言論
　　科学研究』第11巻、1号、pp.372-399。

シン・キワン（2008）「放課後学校の展開過程における視点の分析」『韓国
　　教育問題研究』第26巻、第1号、p.89。

ソ・ヨンソン他（2015）『マウル教育共同体の概念定義と政策方向の樹立に
　　関する研究』京畿道教育研究院。

ソン・ミジ、チャ・ソンヒョン（2019）「希望の教室の政策施行過程における教育の職務環境に対する対応行為の理解：Lipskyのストリートレベル官僚モデルを中心に」『教育文化研究』25(2)、pp.33-55。

チェ・テホ（2012）『韓国の「放課後教育」政策：政策変動の観点』韓国教員大学校博士論文。

チェ・ビョンホ（2014）「我が国の福祉政策の変遷と課題」『国会予算政策署予算政策研究』Vol.3 、No.1、pp.89-129。

チュウ・ヨンヒョウ、パク・キュンヨル（2013）「朴槿恵政府の教育公約分析」『教育問題研究』Vol.26、No.3、pp.189-210。

チョ・クムジュ（2015）「教育福祉優先支援事業の問題点及び再構造化のための課題」『青少年学研究』第21巻、第2号、pp.491-513。

チョン・ボソン（1998）『新自由主義は韓国教育の進路』ハンウル出版社、pp.48-49。

チョン・ボソン（2001）「新自由主義教育改革の政策と問題点」『進歩連帯』。

パク・インチョル（2011）『放課後学校の政策形成および施行過程における国策研究機関の役割分析』ソウル大学修士論文、p.19。

パク・ジュホ（2015）『韓国型教育福祉モデルの構築』教育福祉政策重点研究所、pp.5-26。

ハム・スンハン（2014）「福祉国家の類型と教育福祉の制度的モデル」『多文化教育研究』Vol.7、No.3、pp.135-151。

ハン・マンギル（2018）「脆弱集団のための教育福祉政策は進化できるのか」『教育福祉優先支援事業ニュースレター3号』中央教育福祉支援センター。

ホン・ボンソン（2004）「我が国の教育福祉の方向と課題」『韓国社会福祉学』Vol.56、No.1、pp.253-282。

ミョン・ジュヨン（2018）『KingdonのPolicy Stream Frameworkを適用した忠北地域の学校無償給食の政策形成過程の分析』韓国教員大学院修士論文。

ユ・ジンソン（2014）『教育政策の主要イシュー評価および改善方向』韓国経済研究院。

ユ・ドンホアン、キム・ミン（2018）「教育福祉優先支援事業に対する担当教師と教育福祉士の役割に関する認識の違いに関する質的研究」『青少年学研究』Vol.25、No.1、pp.57-86。

ヨ・ユジン（2008）「韓国における教育を通じた社会移動の傾向に関する研究」『保健社会研究』Vo1.28、No.2、pp.53-80。

ヨ・ヨンギ、オム・ムンヨン（2015）「私教育の進化の様相と原因を通じてみた公教育正常化の方向」『教育総合研究』Vol.13、No.4、pp.157-183。

リュウ・バンラン（2007）「教育安全網の構築のための冠岳区地域事例研究」韓国教育開発院。

リュウ・バンラン（2012）『教育福祉優先支援事業に関する縦断的効果分析研究（3年次）』韓国教育開発院。

リュウ・ヨンチョル（2017）『教育福祉法の制定のための基礎研究』慶尚南道教育研究、pp.17-18。

ワン・ソクスン（2009）「放課後学校発展方案の探索」『教育総合研究』Vol.07、No.2、p.109。

○ 報告書／政府関連機関発行文書／政策文書

仁川広域市西部教育支援庁（2019）『2019西区教育革新地区：力量強化研修と事業説明会』p.30。

江原道教育庁（2014）『幸せシェアリング（행복나눔）教育福祉事業のマニュアル』。

江原道教育庁（2015）『幸せシェアリング（행복나눔）教育福祉事業研究調査報告書』。

江原道教育庁（2018）『幸せシェアリング（행복나눔）教育福祉優先支援事業基本計画』。

江原道教育庁学生支援課（2016）『幸せシェアリング（행복나눔）教育福祉

事業研究調査報告書』

太田市教育庁（2015）『教育福祉優先事業の活性化方案の研究』。

韓国教育開発院（2008）『教育福祉投資優先支援地域支援事業白書2003-2007』。

韓国教育開発院（2011）『教育福祉優先支援事業、このように実施します』。

韓国教育開発院（2013）『データ基盤教育政策の分析（II）：放課後学校の成果に影響を与える学校の特性分析』。

韓国教育開発院（2014）『2013年度教育福祉優先支援事業の現況』教育福祉優先支援事業中央研究支援センター、p.30。

韓国教育開発院（2014）『教育投資の実態および効率化方案の研究』。

韓国教育開発院（2016）『データ基盤の教育政策分析研究（Ⅴ）』。

韓国教育開発院（2017）『第6回KEDI未来教育政策フォーラム』。

韓国調達研究院（2017）『放課後教育標準化研究』。

韓国統計庁（2018）『小中高私教育費調査結果』。

教育福祉政策重点研究所（2016）『教育福祉優先支援事業の運営の現状と発展の方案』。

教育部（2008）『教育福祉政策の効果的な推進のための法・制度の研究』。

教育部（2013）『学生のニーズに応える幸福な教育福祉システムの構築方案研究』。

教育部（2014）『公教育正常化法の施行、どのように適用されるのか：公教育正常化の促進および規制に関する特別法マニュアルブック』。

教育部（2014）『恵まれていない学生への支援強化のための教育福祉サービス・スタンダードのための基礎研究』。

教育部（2014）『小中高の教育情報化支援事業の成果分析および制度改善に関する研究』。

教育部（2018）『2018年度放課後学校運営現況統計』。

教育部（2018）『教育福祉優先支援事業の成果指標開発に関する研究』。

教育部（2020）『放課後学校運営マニュアル』。

光州広域市教育庁（2018）『光州希望の教室運営計画』。

参与政府政策報告書（2008）『教育格差の解消：公正な競争、全ての人に機会を』大統領諮問政策企画委員会、pp.35-47。

ソウル特別市議会（2017）『マウル放課後学校プログラムの活性化方案の研究』。

ソウル特別市教育庁（2018）『2018学年度教育福祉優先支援基本計画・運営マニュアル』。

ソウル特別市教育庁（2018）『2018学年度教育福祉優先事業基本計画』。

ソウル特別市教育庁（2019）『2019学年度教育福祉優先事業基本計画』。

ソウル特別市教育庁（2019）『2019学年度教育福祉優先支援事業運営マニュアル』。

忠北大学校社会科学研究所（2014）『大学主導放課後学校（予備）社会的企業事例集』p.7。

統計庁報道資料（2019年3月12日）『2018年小中高の私教育費調査結果』。

保健福祉部（2017）「抱擁的な福祉国家はいかに達成するのか」。

保健福祉部（2017）『地域児童センタードルボムサービスの改善方法研究』。

○ウェブサイト

韓国教育部（https://www.moe.go.kr/main.do?s=moe）

韓国教育部公式ブログ（https://if-blog.tistory.com/）

韓国政府のホームページ（정부24 https://www.gov.kr/portal/main）

韓国保健福祉部（http://www.mohw.go.kr/react/index.jsp）

地方教育財政お知らせ（지방교육재정알리미）
　　（https://www.eduinfo.go.kr/portal/main.do#contents）

ニュース・ポータルサイトBigKinds（https://www.bigkinds.or.kr/）

【その他】

Bernstein, B. (1970). Education cannot compensate for society. London: *New Society*, 38, pp.344-347.

Bernstein, B. (1971) *Class, codes and control, Vol.1. Theoretical studies towards a sociology of language*. London: Routledge and Kegan Paul .

Bourdieu, P.(1986) "The Forms of Capital," in J. Richardson (ed.) *Handbook of Theory and Research for the Sociology of Education*. New York: Greenwood, 241-58.

Cazden,C.(2012) A Framework for social justice in education: *International Journal of Educational Psychology*, 1(3), pp.178-198.

Cohen,M.D.&March,J.G.&Olsen,J.P.(1972) "A Garbage Can Model of Organizational Choice", Administrative Science Quarterly,17,pp.1-25.

Coleman, J.S. (1988) "Social Capital in the Creation of Human Capital," *American Journal of Sociology*, 94, pp.95-120.

Counsell, S..L.,Boody,R.M.(2013) Social pedagogy and liberal egalitariancompensatory programs: The case of Head Start, *Education Policy Analysis Archives*, Vol.21, No.39.

D. Labaree(2012) Someone has to fail: The Zero-sum Game of Public Schooling, Harvard University Press.

Dyson, A.,Kerr,K.(2014) Lessons from area-based initiatives in education and training. *The NESET network of experts*.

Fraser, N. (1997) *Justice interruptus: Critical reflections on the "postsocialist" condition*, New York: Routledge.

Kim,,K.(2015) A study on effects of education welfare policy regarding children from lower income family. *The Korean Journal of Local Governments Studies*, Vol.19, No.3, pp.317-337.

Kingdon,John W.(2011) *Agendas, Alternatives and Public Policies*(2 nd ed),Longman.

Lee,H(2008) A study of the effects of education welfare action zone policy in Korea. *Educational Research Policy Practice*, 7, pp.35-45.

Lee,H.,B.Ryu, J.Kim and M.Jang (2005) Analysis on the effects of the education welfare priority zone plan and suggestions for progress. Seoul:*KEDI*.

OECD(2001) The Well-being of Nations: The Role of Human and Social Capital,p.41.

OECD(2018) 『TALIS 2018 Results(Volume Ⅰ)：Teacher and School Leaders as Lifelong Learners』.

Power,S. et al(2004) Paving a 'third way'? A policy trajectory analysis of education action zones, *Research Papers in Education*, Vol.19,No.4.

R.D.Putnam(1994) *Making Democracy Work: Civic Traditions in Modern Italy*, Princeton University Press.（日本語訳、河田潤一訳「哲学する民主主義」NTT出版、2001年）

Raffo,C(2013)"Education Area Based Initiatives: Issues of Redistribution and Recognition", *Neighborhood Effects or Neighborhood Based Problems? : A Policy Context*, Springer,pp.25-41.

U.S Department of Education (2005) "When school stays open late: The national evaluation of the 21st century community learning centers programs-Final report".

U.S. Department of Health and Human Services(2012) "Head Start Impact Study Final Report".

Uphoff, N. (2000) "Understanding Social Capital: Learning from the Analysis and Experience of Participation" in P. Dasgupta and I. Sergageldim (Eds.), Social Capital: A Multifaceted Perspective. Washington D.C.; The World Bank.

World Bank (2013) *Inclusion Matters: The Foundation for shared prosperity*, pp.2-3.

Young,M and Muller,J(2010) 'Three Educational Scenarios for the Future: Lessons from the sociology of knowledge', *European Journal of Education*,45(1),pp.11-27.

Young,I.M.(1990) *Justice and the Politics of Difference*, Princeton University Press.

初出一覧

　本書は、2020年に九州大学大学院人間環境学府へ提出した博士学位論文『韓国における学校を基盤とした教育福祉政策の形成と展開に関する研究：社会移動と社会関係資本からみた「教育」と「福祉」の効果的な連携』を加筆・修正したものである。各章のものとなった論文は以下の通りである。

第1章：

金美連（2019）「韓国における教育福祉政策の実態と課題：政策の目的と対象者の範囲による分類に着目して」『国際教育文化研究』第19号、pp.1-11。

第3章：

金美連（2016）「日・米・韓における放課後の教育格差是正政策について」『九州教育学会研究紀要』第44号、pp.95-102。

第4章：

Miyeon Kim（2017）"Area-based Initiatives in Korea: Issues of Redistribution and Recognition"『国際教育文化研究』No.17,pp.41-51.

金美連（2018）「韓国における『優先教育地域政策』の萌芽〜政策の窓モデルを用いた『教育福祉優先支援事業』の導入過程の考察〜」『国際教育文化研究』第18号、pp.1-10。

金美連（2019）「韓国における『優先教育地域政策』の特質―『教育福祉優先支援事業』がもたらした学校現場の変化―」『比較教育学研究』第58号、pp.48-68。

Miyeon Kim（2020）"What Influences Teachers' Commitment to 'Joined-up' Educational Welfare Projects ?: Findings from the Educational Welfare Priority Project in Korea"『国際教育文化研究』No.20,pp.1-12.

また、本書は九州大学大学院人間環境学府の課程博士研究助成金（令和元年度）の助成を受けたものである。

あとがき

　2020年1月、私は博論の調査のため、2泊3日の有休をとり急きょ韓国を訪問した。1日に3カ所のインタビュー調査との大変な強行スケジュールではあったが、長年教育福祉に携わってきた教育行政の担当者やNPO関係者、教師等の生の声を聞くことができた貴重なものであった。その時、偶然にも複数の人から「韓国の教育福祉は1997年のIMF通貨危機がきっかけとなり、IMF通貨危機が子ども達に与えた影響は計り知れなく、その傷を治すのに十数年はかかった」という話を聞いた。本書にもIMF通貨危機に関して、離婚率・欠食児童の急増や経済格差の拡大等について言及しているが、ある出来事が日常生活をいとも簡単に混沌に陥れ、まだ民主化されて間もない未成熟で不安定だった国と国民が不完全ながらも、この難局をどのように乗り越えようとしたのか、日本に戻る飛行機の中で教育という視点から思いを馳せた。

　その後、間もなくコロナというパンデミックが起こり、多くの「当たり前」が変わってしまった。移動を前提としない情報通信サービスが主流となり、有名講師によるネット授業がもてはやされ、韓国では教師や学校の役割が問われている。IMF通貨危機は、従来の物づくりを中心とした産業構造の中での出来事であり、ある意味、教育格差是正の方向性は分かりやすいものだったのかもしれない。あれから25年が経ち、もはや過去の枠組みでは社会を捉えるのが非常に困難となった。より多くの人が不確実性の中に生き、社会の多文化化・多様化も急速に進んでいる。一方で、やはり、教育が扱うのは合理化された教育スキルではなく、様々なバックグラウンドを抱えながら懸命に生きる血の通った子どもたちであり、その子どもたちの生きる力を育むことである。

時代は変われども、IMF通貨危機をきっかけとして構築されてきた教育福祉の「仕組み」が現在においても機能することを心から願いつつ、フィールドワークで遭遇した二つの出来事を紹介することで、韓国からの示唆としてまとめることにしたい。

　私は学校調査に行く時は、いつもお土産を持っていくようにしているが、「子どもたちがただで物をもらうことを当たり前のように思ってしまう」と言われ、お菓子を配ることを拒まれたことがある。当たり前のことではあるが、将来のレディネスのために必要な支出はあっても、単なる物質的な充足が教育福祉の目指すところではないことが、現場担当者に実践感覚として共有されているように思えた。

　二つ目の出来事は、何度も「重要な他者（significant others）」の必要性を力説されたことである。本書では、これを社会関係資本という用語で説明しているが、子どもの「生きる力」の原動力は、結局は人との関係性の中にこそ見出され、しっかり自分を見てくれて、ありのままの自分を認めてくれる人や安心できる居場所を見つけさせることこそ、教育福祉の重要な役割と言われた。これを「関係を通じた成長」と説明した、ある教育福祉士さんの言葉も私に強い印象を残したが、目には見えない子どもの成長を制度的に保障する「仕組み」づくりの難しさと、その意義を同時に垣間見たように感じた。

　以上のようなフィールドワークを経て、本書は2020年6月に九州大学大学院人間環境学府に提出した博士論文を加筆・修正したものである。本書の出版に至るまで多くの方々からご指導とご支援を頂いており、その一つ一つを思い出すと、感慨深いものがある。ここにお世話になったすべての方々のお名前を挙げることはできないが、研究の一貫性を見失いがちだった私を辛抱強く指導し、いつも真剣に向き合ってくださった竹熊尚夫先生に、まず誰よりも感謝しなければならない。子育てが一段落し、博士課程に進みたいと研究室を訪れた私を快く受け入れてくださったことを昨日のように感じるが、研究者としても、一人の教員として

も、多くのことを学ばせていただいた。数多くの修正が入った博論の素
案を未だに捨てずにいるが、先生のきめ細かなご指導がなければ、到底
完成には至らなかった。真理を追究する者として、妥協しないことの重
要さを教えていただき、この場を借りて、もう一度深く感謝申し上げた
い。副査の元兼正浩先生からは、幾度となく非常に的確なご助言を頂い
た。専門が日本の教育行政でありながらも、韓国の制度にも通じる視野
の広さをお持ちで、博論をより良い方向へ導いてくださった。いつもフ
ラットな関係で意見が言えるようにご配慮いただいたことや、韓国との
交流事業に参加する貴重な機会を頂いたことにも、心よりお礼を申し上
げたい。副査の岡幸江先生にも社会教育の視点から、多角的に社会を捉
え、本質的な課題に気付くようにご指導を頂いた。大部な論文に丁寧に
目を通してくださったことや、いつも温かく励ましてくださったことを
忘れることはできない。

　また、本書の調査の実施に際しては、韓国にいる方々からも多くのご
助力を頂いた。まず、公州大学の梁炳贊（양병찬）先生は、急な依頼に
も関わらず、ご自分の事のように調査の手配をしていただいた。その調
査を通じて、本書は飛躍的によくなった。そのようなきっかけを作って
くださった梁炳贊先生のご厚意に、心より感謝申し上げたい。

　また、教育福祉士のキム・ミョンヒ（김명희）さん、ジョン・ウン
ヨン（정은영）さんには、3年近くに亘り、何度もインタビュー調査をご
快諾いただいた。お二人のおかげで、学校現場をリアルに捉えることが
できた。いつも温かく迎えていただいたことには感謝してもしきれない。
調査に当たっては、長年に亘り、教育福祉の現場で働いてこられたキム・
ジソンさん（김지선、ソウル市ノウォン区庁）、ブ・ウンヒさん（부은
희、ソウル市ノウォン教育福祉センター）、カン・ヒョンオクさん（강
현옥、ソウル市北部教育庁）、そして教育行政におられるキム・ヨンサ
ムさん（김영삼、ソウル市教育庁）から大変貴重な知見を頂くことがで
きた。長時間にわたるインタビューや見学にも嫌な顔一つせず付き合っ
ていただいたことに感謝申し上げたい。

研究分野は少し異なるが、いつも研究者への道を温かく応援してくだ
さる宮下和子先生（元鹿屋体育大学）、井上和枝先生（元鹿児島国際大
学）にも厚く御礼申し上げる。また、構想発表会後に貴重なお時間を頂
き重要な視点をご提示いただいた野々村淑子先生、韓国の教育制度に関
する鋭い知見をご教示いただいた田中光晴先生、研究室の先輩である花
井渉先生、そして本書の刊行にあたって出版会社への橋渡しをしてくだ
さった熊本学園大学の申明直先生、博英社の代表取締役である中嶋啓太
さんと編集者の西田明梨さんにも厚く感謝申し上げたい。

　最後に何事にも前向きで、いつも「今を生きる」ことの大切さを教え
てくれる娘の安里と、忙しい中でも日本語のチェックに付き合ってくれ
た夫、そして今も祖国で私の成長を温かく見守ってくれる父（金仁學）
と母（林承錫）に深く感謝の意を表したい。

2022年3月6日

金　美連

索引

金 美連

韓国ソウル生まれ。
韓国梨花女子大学政治外交学科卒業。
九州大学大学院人間環境学府博士後期課程修了。
博士（教育学）。
現在、熊本学園大学外国語学部東アジア学科特任准教授。

韓国における教育福祉政策の展開と実践
－個人の教育機会保障と社会関係資本醸成からのアプローチ－

初版発行　2022年6月4日

著　　者　金 美連
発 行 人　中嶋 啓太

発 行 所　博英社
　　　　　〒 370-0006 群馬県 高崎市 問屋町 4-5-9 SKYMAX-WEST
　　　　　TEL 027-381-8453 / FAX 027-381-8457
　　　　　E・MAIL hakueisha@hakueishabook.com
　　　　　HOMEPAGE www.hakueishabook.com

ISBN　　978-4-910132-22-8

定　　価　3300円（本体3000円＋税10%）